RELIGIÕES COMPARADAS

COMPREENDENDO AS RELIGIÕES DA ATUALIDADE E SUAS ORIGENS

EAD - ENSINO MÉDIO TEOLÓGICO A DISTÂNCIA

Título Original: COMPREENDENDO AS RELIGIÕES DA ATUALIDADE E SUAS ORIGENS

2ª Reimpressão - 2024

IBAD

Rua São João Bosco, 1114 – Santana

12403-010 – Pindamonhangaba, SP

Telefax – (12) 3642-5188

www.ibad.com.br

Impresso no Brasil

Coordenação
Pr. Mark Jonathan Lemos

Todas as citações bíblicas foram extraídas da versão revista e corrigida, salvo indicação ao contrário.

Dados Internacionais de catalogação na publicação (cip)
(Câmara Brasileira do Livro, SP, Brasil)

Religiões Comparadas: COMPREENDENDO AS RELIGIÕES DA ATUALIDADE E SUAS ORIGENS
MOREIRA, Andre
Pindamonhangaba: IBAD, 2021.

Índice para Catálogo Sistemático
Religiões: Cristianismo: Religião: Cultura: Antropologia

RELIGIÕES COMPARADAS

Curso Médio de Teologia

"Não é pela força, nem pela violência que vocês vencerão. Será pelo meu Espírito', diz o Senhor dos Exércitos".

(Zacarias 4.6 – Bíblia Viva)

"Sem paz entre as religiões, não haverá paz no mundo".

EAD - ENSINO MÉDIO TEOLÓGICO A DISTÂNCIA

Sobre o livro

Categoria – Religião

Fim da Execução – Janeiro de 2020
2ª Reimpressão Março de 2024

Formato – 16 x 23 cm
Mancha – 12,3 x 19,2 cm

Tipo e corpo: Garamond
Papel: Offset 75g/m2
Tiragem: 3000 exemplares

Impresso no Brasil – Printed in Brazil

Equipe de Realização

Supervisão: Pr. Mark Jonathan Lemos

Produção Editorial

Coordenação
Pr. Mark Jonathan Lemos

Revisão de Teológica
Denilson Matos

Revisão de Português
Denilson Matos

Capa & Diagramação
Heitor Galvão Souza

Sumário

Apresentação

O calendário marcava 15 de outubro de 1958, quando dava-se início a um chamado Divino que nasceu do coração de um homem simples, nascido na cidade de Pelotas - RS. Naquele momento, tendo apenas 8 alunos nasceu o que conhecemos hoje como IBAD, na pacata cidade de Pindamonhangaba, pelas mãos do casal de missionários Pr. João Kolenda Lemos e Ruth Dóris Lemos.

Durante 55 anos (1958-2013), o IBAD se manteve fiel a proposta inicial e teológica, trabalhando no sistema de internato de forma ininterrupta. Formaram-se milhares de pastores, teólogos, professores, missionários, pregadores e uma infinidade de líderes que propagam as mensagens aprendidas sobre a Palavra do Senhor pelo Brasil e os quatros cantos do mundo.

Em 2006, o IBAD entendeu que precisava transcender os limites de Pindamonhangaba e lançou os cursos teológicos médio e avançado livres à distância. Essa nova metodologia foi criada pensando nos pastores e líderes que sempre sonharam em fazer parte da instituição, mas devido ao tempo e situação financeira, não tiveram a oportunidade de estudar nosso conteúdo de alto nível e reconhecimento dentro do ensino teológico.

Em pouco mais de 10 anos, o curso livre de teologia alcançou a significativa marca de mais de 35 mil alunos pelo mundo, se tornando um sucesso na mídia especializada. Somos hoje o curso teológico que mais cresce no meio eclesiástico e estamos presentes em quase todas as cidades do Brasil e em mais de 15 países. Já formamos mais de 60 mil obreiros e hoje nos tornamos referência de qualidade e excelência entre os cursos livres à distância, dentro da área de teologia.

Guiados por uma nova gestão, demos início em 2011 aos primeiros passos em direção do nosso maior sonho: a criação da Faculdade FABAD. Foram milhares de horas trabalhadas, incontáveis ligações, idas e vindas à Brasília, além de inúmeras visitas do MEC em nossa sede em Pindamonhangaba. Toda essa espera e esforço trouxeram o resultado tão almejado em 2016, com a Portaria MEC nº 358 de 05 de maio de 2016, que credenciou a Faculdade FABAD para os cursos presenciais de Bacharel em Teologia e Tecnólogo em Processos Gerenciais.

Mas a chama que sempre nos guiou e nos levou a quebrar diversas barreiras nesses mais de 60 anos de história, ficou ainda mais forte e uma nova jornada teve início. Nosso objetivo agora se tornara levar um ensino superior de qualidade para todo o Brasil. Por isso, ouvindo os pedidos de nossos alunos, em 2017 protocolamos perante ao MEC o credenciamento da FABAD para cursos EaD.

Foram momentos de ansiedade e de muita preparação de toda a equipe, trabalhando para ter os melhores recursos e plataformas para nossos alunos online. E com muita felicidade pudemos anunciar o lançamento do Bacharel em Teologia EaD da FABAD, com a Portaria nº 34, de 11 de fevereiro de 2020.

Agora levamos um curso de Graduação em Teologia totalmente à distância e online, com uma plataforma moderna de estudo e a melhor biblioteca digital do país. E esse é apenas o primeiro passo dado pela Faculdade FABAD EaD, que além do Bacharel em Teologia também oferece cursos de Pós-graduação totalmente à distância e nos próximos anos oferecerá cursos de graduação nas mais diversas áreas de conhecimento.

Aproveite seus estudos e seja bem-vindo a família IBAD/FABAD. Muito obrigado por escolher fazer parte dessa caminhada de aprofundamento teológico conosco.

Como estudar à distância

Caro estudante,

Nosso curso a distância foi estruturado com o objetivo de atender a todos que desejam ter maior entendimento sobre a Bíblia. Para atingir esse objetivo, tivemos o cuidado de planejar e produzir um material adequado para proporcionar a você a melhor experiência educacional possível. Nesse planejamento, chegamos à conclusão de que os livros deveriam não só ter um bom conteúdo, mas também ser acessível a todas as pessoas que desejam ter maior conhecimento das Escrituras Sagradas. Também observamos a necessidade de atender pessoas de qualquer região do país, com diferentes níveis de conhecimento. A partir de tais critérios, desenvolvemos uma coleção de vinte quatro livros, a qual se constitui em um curso Médio de Teologia a distância.

Esses vinte quatro livros, escritos de forma clara e objetiva, apresentam, de modo geral, vinte capítulos divididos em quatro unidades. Em cada unidade e em cada capítulo, há sempre uma introdução para que o leitor tenha ciência do que estudará naquela unidade e naquele capítulo. Tudo isso foi realizado com o intuito de facilitar a leitura. Com esse mesmo intuito, solicitamos que você observe as orientações para o estudo.

1- Recomendações para melhor aproveitamento de seu curso

Esse estudo requer atitudes próprias de qualquer estudante, porém ele tem como objetivo essencial abençoar sua vida cristã e dar-lhe instrumentos para que você desenvolva o ministério cristão com maior eficácia. Isso implica que serão necessárias, de sua parte, atitudes espirituais corretas, tais como:

1) Ore sempre antes de começar a lição. Isso preparará o seu coração para receber não apenas as informações, mas principalmente os princípios que serão úteis na sua vida com Deus.

2) Tenha o cuidado de sempre consultar a Bíblia. A leitura bíblica é primordial e insubstituível. Quanto mais você conhecer a Bíblia pela leitura diária, mais facilidade terá na compreensão de estudos que lhe auxiliarão no conhecimento dela.

3) Tenha sempre uma atitude de humildade. Deus revela verdades importantes àqueles que mantém essa atitude em seus corações.

Além desses cuidados, atente também para a dedicação, a disciplina e a perseverança, atitudes essenciais para a obtenção de êxito em todas atividades. Ao iniciar este curso de Teologia, conscientize-se da importância da manutenção desses princípios para o sucesso de sua aprendizagem. Concentre-se sempre no que estiver fazendo, pois a vida está no presente. O passado é a fonte das experiências, e o futuro, um tempo que deve ser planejado para que, quando transformado em presente, possibilite a colheita do que foi plantado, isto é, a obtenção dos resultados desejados. Se mantivermos tudo isso em mente, teremos sempre grandes chances de alcançarmos nossos objetivos.

2- Regras Básicas para a Compreensão do Texto

A leitura bem sucedida – compreensão de texto - requer do leitor a observância de alguns procedimentos básicos. São eles:

• Leitura do texto – Ao iniciar seu estudo, preste atenção à apresentação do livro e à introdução de cada unidade e de cada capítulo. Isto é importante porque essas introduções facilitarão sua compreensão do texto.

• Leitura de unidades de ideia – A leitura de palavras, ao contrário da de unidades de pensamento, faz com que o leitor interprete um texto erroneamente. Isto significa que não devemos ler palavra por palavra e sim atentar para a ideia geral do texto.

• Conhecimento do vocabulário – O conhecimento do significado das palavras auxilia todo o processo de leitura. Por isso, tenha sempre à mão um dicionário da língua portuguesa e também um dicionário ou enciclopédia bíblica. É importante que essa consulta ao dicionário seja feita somente após uma primeira leitura do texto para que você não corra o risco de fazer uma leitura com interpretação inadequada.

• Leitura de diversos tipos de texto – A diversidade de textos permite que o leitor não só amplie seus conhecimentos, como também adquira maior habilidade para leitura. Procure ler outros livros que falem sobre o mesmo assunto.

3- Aplicação Pessoal

• Questões para reflexão – Em todos os capítulos, há questões com o objetivo de levar o estudante a refletir sobre os temas abordados, bem como fazer uma aplicação dos mesmos à realidade atual.

• Exercícios – No final de cada livro, o estudante encontrará exercícios relacionados a cada capítulo estudado para a verificação do conhecimento e fixação do conteúdo.

Introdução

Em um mundo em constante mudança, onde, apesar de parecer contraditório, a secularização e o pluralismo religioso, se tornaram características da globalização, é necessário conhecer um pouco mais da multiplicidade religiosa. Religiões e tradições das quais outrora jamais havíamos ouvido falar, estão cada vez mais presentes no nosso dia-a-dia graças à popularização da internet e das redes sociais. E a busca por esse conhecimento precisa ser imparcial e desprovida de qualquer "pré-conceito" ou "pré-juízo" – compreender como as Religiões foram constituídas e como seus adeptos se comportam, é ferramenta fundamental para o processo de Evangelismo, seja ele local, ou em caráter missional.

A fé cristã deve se pautar pela tolerância e compreensão, mas isso não significa em hipótese alguma que o Cristão aceita e tolera o engano ou o pecado; o crente, antes de mais nada, precisa ter a clara compreensão de que o Homem é um pecador carente da Glória de Deus mas que só o Espírito Santo pode convencer o pecador de sua condição decadente (cf. Romanos 3.23 e João 16.7-11).

O livro "Religiões Comparadas" busca mostrar de maneira imparcial as principais características das grandes Religiões existentes, como elas surgiram, como elas se relacionam com o Brasil, demonstrando em especial a Filosofia por trás de cada uma delas. Não espere encontrar uma lista de refutações ou contestações teológicas, ou qualquer tipo de crítica de viés depreciativo. Entendemos que cada Religião, cristã ou não Cristã, assim como as múltiplas tradições evangélicas do Brasil, têm um contexto muito específico que justifica sua existência e cada adepto ou seguidor acredita em seus pressupostos (sendo eles verdadeiros ou não). Cabe ao Cristão, atendendo à grande Comissão descrita em Mateus 28.16-20 levar a Mensagem da Cruz, e não o julgamento.

Dedicaremos nesse trabalho uma leitura atenta ao Cristianismo e como ele se manifesta no Brasil atual. A história da Religião é cheia de relatos de grandes divisões ocorridas pela incapacidade de olharmos o outro com os olhos de Jesus. Ao longo desses séculos várias disputas teológicas sobre questões dogmáticas ocorreram, assim como excomunhões mútuas entre diferentes setores da Igreja, perseguições e censuras contra aqueles que tinham posições diferentes daquelas da "maioria". Falaremos brevemente sobre essas questões e prosseguiremos apresentando o Cristianismo de forma panorâmica, evidenciando as diferenças existentes entre as várias tradições.

Para facilitar a leitura, dividimos esse trabalho em quatro grandes unidades. Na primeira unidade falaremos um pouco sobre o que é Religião, como ela se desenvolve, se manifesta e como nós Cristãos podemos identificar uma heresia – essa seção em especial é parte fundamental dessa obra e também de grande auxílio para a compreensão do Cristianismo.

Na unidade dois falaremos um pouco sobre as grandes religiões monoteístas, suas origens e a Filosofia por trás de seus pensamentos teológicos. Dedicaremos tempo especial ao judaísmo; compreender suas doutrinas e história nos ajudará a conhecer o cristianismo e o islamismo. Na unidade três vamos conhecer um pouco das religiões orientais como o budismo e o hinduísmo. E por fim, na unidade quatro conheceremos um pouco das religiões existentes no Brasil, observando atenciosamente como o Cristianismo se consolidou nesse país e como o espiritismo e as religiões africanas se relacionam com esse país.

A pluralidade religiosa é uma constante ao longo da história da humanidade. Desde o seu início, o Cristianismo tem se deparado com a questão de como se relacionar com outras religiões – não podemos esquecer que os Cristãos também já foram tratados como hereges, adeptos de uma seita. Em outras palavras, a religiosidade humana nos impele a refletir sobre um convívio mais harmonioso com as diferenças existentes entre cada eixo religioso. No Brasil, esse cenário se torna muito mais evidente.

O país não tem religião oficial desde 1.988, mas desde muito antes a mistura de povos e raças também já promovia uma mistura de religiões e culturas. Essa mistura de povos e raças é profundamente positiva no campo cultural e ético, mas infelizmente criou uma série de tristes curiosidades religiosas que precisamos constantemente corrigir no seio de nossas igrejas; não é incomum encontrarmos cristãos (em sua maioria recém-convertidos ou oriundos de outras confissões doutrinárias) procurando se inteirar sobre as previsões do dia para seu signo (mesmo que isso seja biblicamente incorreto!), ou ainda que façam pequenas "simpatias" caseiras para resolver problemas cotidianos.

Assim, diante de tão profundo e complexo tema, este escrito busca saber como o Cristianismo em suas múltiplas revelações e as outras Religiões se desenvolvem e se movimentam na vida contemporânea da sociedade, buscando ainda entender como essas tantas diferenças podem ser minimizadas para uma melhor coexistência.

Boa leitura!

O QUE É RELIGIÃO?

Como podemos definir a Religião? Segundo o dicionário de Filosofia, Religião é a crença humana na garantia de salvação sobrenatural. A palavra tem origem latim (Religio, que vem muito provavelmente de relegere[1]), mas sua prática é muito anterior à sua definição. Podemos dizer que Religião vai além de uma definição etimológica, ela se manifesta, se revela e se expressa no detalhe, no individualismo de cada indivíduo quando ele pratica sua religiosidade: quando vemos o fiel fazendo o sinal da cruz em frente à sua igreja, ou contemplamos alguém carregando a Bíblia Sagrada junto ao peito em direção ao culto dominical em sua congregação estamos vendo a Religião acontecendo. Para Gaarder et al (2000), a Religião se revela nos pequenos atos praticados pelo fiel, não ocorrendo necessariamente dentro de um templo religioso. A religião é expressa o tempo todo, mesmo quando não temos plena consciência disso: expressões brasileiras tão populares como "nossa" ou "vixe", trazem em si um valor religioso muito forte que hoje em dia é quase imperceptível.

As religiões têm funcionado ao longo da história humana para inspirar e justificar toda a gama de ações, sejam elas hediondas ou heroicas. A influência da religião permanece intensa no século XXI, apesar das previsões modernas de que as influências religiosas diminuiriam constantemente em conjunto com o surgimento de democracias seculares e os avanços da ciência. Essa crença ateísta de que a fé entraria em desuso, é diariamente rechaçada e isso fica muito mais evidente quando ouvimos as notícias mundiais sobre conflitos ou ataques terroristas de fundo religioso.

1 Para Abaggnano, é muito provável que o termo signifique "releitura". O religioso, portanto, é aquele que, imbuído de sua responsabilidade com o culto divino, lia e relia cuidadosamente todos os atos do culto divino (ABAGGNANO, 2003, p 847).

A religião desempenhou um papel extremamente significativo ao longo da história, e a marca que ela deixou pode ser percebida de várias maneiras. No entanto, é importante notar que a influência da religião pode variar dependendo da época, da cultura e da região do mundo em questão. Algumas das principais marcas da religião na humanidade incluem:

1. **Formação de valores e ética**: As religiões frequentemente fornecem um conjunto de princípios morais e éticos que orientam o comportamento humano, contribuindo para a formação de valores individuais e coletivos.

2. **Identidade cultural**: A religião desempenhou um papel crucial na formação da identidade cultural de muitos povos ao longo da história, moldando tradições, costumes e rituais.

3. **Arte e arquitetura**: A religião inspirou algumas das obras mais significativas de arte e arquitetura na história humana, como catedrais, mesquitas, templos e pinturas religiosas.

4. **Política e governança**: Em muitas sociedades, a religião teve influência nas estruturas de poder, política e governança, às vezes se fundindo com o Estado e influenciando as decisões políticas.

5. **Construção de comunidades**: A religião comumente é um fator que une as pessoas em comunidades, criando uma sensação de pertencimento e coesão social.

6. **Exploração da espiritualidade**: A religião oferece um espaço para a exploração da espiritualidade e da relação do indivíduo com o transcendente, fornecendo respostas a questões existenciais e filosóficas.

7. **Conflitos e guerras**: Infelizmente, a história também registra conflitos e guerras em nome da religião, quando crenças e diferenças religiosas se tornam um ponto de tensão e conflito entre grupos.

8. **Educação e disseminação do conhecimento**: Em várias sociedades, as instituições religiosas desempenharam um papel importante na preservação do conhecimento, literatura e educação.

Compreender essas influências religiosas complexas é uma dimensão crítica da compreensão dos assuntos humanos modernos em todo o espectro de empreendimentos em arenas locais, nacionais e globais. Sendo assim, nosso foco deve estar no entendimento da religião na vida contemporânea, através do tema abrangente de conflito e paz e os subtemas específicos (geralmente cruzados) de gênero e sexualidade, saúde pública e sustentabilidade ambiental.

CAPÍTULO 1

Humanidade e Religião

A religião surge muito cedo, nos primórdios da Humanidade para dar sentido à existência Humana.

As primeiras comunidades humanas, surgidas há mais de cinco mil anos antes de Cristo, eram formadas por caçadores rudimentares que viviam de modo nômade por conta de sua limitação tecnológica para caçar; num cenário onde armas eram escassas, se fazia necessário estar o tempo todo em movimento. Provavelmente por conta desse movimento constante o Homem tornou-se um exímio observador da Natureza. Esses Homens primitivos desenvolveram logo cedo a crença de que a Natureza tinha um poder sobrenatural, oculto aos olhos; surge nessa época a crença chamada animista, para a qual os seres da Natureza também são providos de espírito, assim como o Homem.

Assim, podemos dizer que o animismo é a primeira religião surgida na Humanidade. Mas é importante dizer que os povos antigos não tinham consciência dessa religiosidade ou sequer chamavam suas práticas espirituais por esse nome. O animismo aconteceu naturalmente, graças à natureza simbólica que o Homem possui.

Para Cassirer, o Homem é um ser originalmente simbólico. Sem dúvidas, nossos ancestrais mais antigos já sabiam disso quando refletiam sobre perguntas como "o que é a vida?", "quem somos?", "para onde iremos ao morrer?" ou ainda "onde surgiu tudo que existe?". As antigas tumbas, muito anteriores a qualquer ideia sobre o que viria a ser o cristianismo, já guardavam muito mais do que restos mortais; era comum que as primeiras comunidades tribais enterrassem seus entes queridos com bens que lhes foram preciosos durante a vida. A explicação mais plausível para esse hábito é a expectativa de que os povos antigos ansiavam por dar aos seus mortos um pouco de alento na transição para o mundo dos mortos. Existia desde então um desejo inconsciente de explicar o mundo que nos cerca.

O ser humano carrega em seu bojo uma sede constante pelo significado das coisas. E somos os únicos seres que apresentam essa curiosidade! A capacidade de reflexão, em especial a reflexão sobre a vida ou a morte é uma habilidade exclusivamente humana. Nossa curiosidade nos leva constantemente ao desespero, à ânsia de saber mais e melhor, inventamos histórias e mitos[2] 2 para justificar tudo aquilo que não compreendemos com nossa limitada mentalidade. A própria Bíblia, ao relatar a história da queda do Homem nos demonstra isso. Eva, encantada com a possibilidade de conhecer mais, desejou ardentemente comer o fruto da árvore do conhecimento. Sua intenção não era, sob hipótese alguma, desobedecer a Deus, mas era a de conhecer aquilo que sua limitada mente humana não compreendia.

Essa curiosidade humana é enriquecida pela imaginação. E à medida que o Homem evoluía em conhecimento, aprimorando suas técnicas de caça, melhorando suas habitações e propiciando mais confortos à sua família e comunidade, surgiam nas comunidades primitivas explicações para diversos fenômenos cotidianos; é comum entre os povos antigos, por exemplo, a lenda de que o nascer do sol é a vitória da luz sobre as trevas, com quem o sol luta todas as noites. Ou ainda, a narrativa de que nossos ancestrais mortos continuam nos acompanhando secreta e invisivelmente para nos proteger.

O ser humano é dotado de uma imaginação fértil e capaz de criar ideias e conceitos jamais concebidos, e é exatamente dessa imaginação rica que nascem a religiosidade e a mitologia. Apesar de atualmente a mitologia ter sido descartada, a imaginação humana continua produzindo, e é a partir dela que grandes descobertas científicas se manifestam e se concretizam na atualidade. A imaginação empregada na ciência amplia a capacidade humana de vivência, assim como faziam os homens quando criavam a mitologia. A religiosidade, por outro lado, permanece firme e forte, se desenvolvendo nos mais variados campos e culturas.

Sobre a religiosidade antiga, podemos notar que ela apresentava algumas características muito peculiares:

- O mito e a crença no espiritual surgem para dar sentido à vida e à morte;
- Os antigos funerais eram acompanhados de sacrifícios e rituais. Esses rituais podiam ser a narração de um mito que versasse sobre a morte ou o destino do morto ou ainda uma breve narrativa

2 Não confundir o termo aqui empregado com "fábula, "lenda" ou "ficção". Segundo Abbagnano (2000), o mito na Antiguidade, tinha o mesmo peso que a Ciência tem atualmente.

sobre atos corajosos do falecido;

- A religiosidade primitiva e o mito não tratam de meras histórias. As narrativas registradas pela religiosidade primitiva e pela mitologia carregam em sua essência um valor profundamente moral e espiritual, que incentiva aqueles que ouvem a se conduzirem de forma apropriada.
- Todas as histórias mitológicas e da religiosidade primitiva acreditavam na existência de pelo menos um plano paralelo ao nosso. Costumeiramente, cria-se que esse plano paralelo era quem dava sentido ao mundo que habitamos.

Como se vê, a transcendência, a necessidade de dar sentido à vida, à existência e à morte sempre fizeram parte da experiência humana. O Homem busca tornar constante o sentimento de êxtase, aquele momento no qual sentimos a vida com maior intensidade e a religiosidade tem sido um dos meios mais comuns pelo qual o Homem tentar experimentar esse êxtase.

Como vimos, a evolução do conhecimento era uma constante na vida dos povos antigos. Com o passar do tempo, alguns povos se apropriaram de uma agricultura mais rudimentar. Esses homens e mulheres compreenderam logo cedo que o tempo era cíclico, marcado por fases que iam e vinham com frequência regular. Assim, graças às suas crenças primordiais, começaram a desenvolver rituais que estavam associados às estações do ano; com a ajuda da observação dos céus e astros celestiais, aprenderam a reconhecer o fim e o começo do ano, passando a celebrar a chegada de um novo ano com rituais e sacrifícios que simbolizavam o renascimento da vida.

As primeiras religiões da humanidade, ora animistas, ora panteístas (tudo tem vida) instituíram em seu cotidiano muito rapidamente ritos e rituais para celebrar importantes momentos da vida ou para se despedirem de seus mortos. Aprimorava-se assim a crença na existência de um plano de existência invisível e normalmente superior. Algumas dessas crenças primitivas também acreditavam que inclusive era possível comunicar-se com esse plano paralelo, fosse ele um lugar de morada dos mortos ou um plano para vidas evoluídas.

Surge então nesse contexto diverso e caótico, mas cada vez mais complexo, a crença de que esse mundo paralelo, assim como as estações do ano, a vitória do sol sobre as trevas, fossem regidos por seres ocultos aos olhos humanos, mas que se preocupam com cada detalhe que rege a vida. Nasce assim aquilo que hoje chamamos de politeísmo. Para os antigos, a crença na existência de seres sobrenaturais se mostrou a forma mais razoável de dar explicação aos eventos cotidianos que hoje compreendemos com o auxílio da ciência.

Vale lembrar que nem só de festas de fim de ano e de rituais fúnebres viviam os antigos: As sociedades também cultivavam diversos ritos temáticos; os homens começaram a celebrar ritos para ter sorte na caça ou na lavoura, o que ocasionalmente acabava com o sacrifício de um animal ou um ser humano. Embora possam parecer rudimentares e até medonhos para nós, essas foram as primeiras expressões religiosas de que se tem registro. E à medida que os povos foram se distanciando e evoluindo, as práticas rudimentares que outrora eram apenas um esboço de religiosidade, se transformaram em religiões complexas e até a identidade de nações inteiras e suas regiões.

Com a consolidação do politeísmo, a religiosidade passa a ser um fenômeno consciente. Não porque o homem antigo já entendesse suas práticas espirituais como uma religião, mas sim porque cada indivíduo, família e povos assume para si a adoração de uma entidade sobrenatural específica. A prática do politeísmo não era necessariamente uma veneração a vários deuses simultaneamente. As pessoas costumavam "adotar" um deus preferido, recorrendo a outras entidades apenas quando tinham um pedido especial. Era comum também, muito antes dos Romanos, que os povos primitivos venerassem seus parentes mortos com a intenção de obter algum favor perante os grandes deuses que regiam o Universo. Na maioria das religiões politeístas esses deuses estão organizados em famílias ou grupos, normalmente da seguinte maneira:

- Divindades naturais: seres regentes do céu, dos astros estelares, normalmente responsáveis pelo clima, mudança das estações, chuvas etc.;
- Divindades da morte: eram responsáveis pela transição da vida para a morte, chamados pelos vivos que se preocupavam com o bem-estar de seus moribundos, ou para se comunicarem com os entes queridos já falecidos;
- Deuses do amor: cultuados para alcançar fertilidade;
- Divindades da caça e da guerra: eram cultuados para se obter uma boa caça ou sucesso nos combates;
- Divindades ancestrais: normalmente os entes queridos eram venerados como deuses ou seres superiores, capazes de interferir na vida humana.

Feuerbach, filósofo alemão, enfatiza que o politeísmo era predominantemente local, ou seja, era comum que famílias ou tribos tivessem suas próprias crenças e tradições. Em função dessa crença surge um conceito profundamente propagado no Antigo Testamento, chamado de ***henoteísmo***. O henoteísmo não é necessariamente uma religião, mas a crença de que existem vários desuses e que eles coexistem de maneira regional, regidos por um deus superior. Podemos dizer ainda, que o henoteísmo tinha caráter regional, ou seja, um deus tinha maiores poderes que outro em sua "área de atuação" ou terra natal. Pensando nisso, era comum, por exemplo, que os povos tribais preferissem um combate dentro dos limites de seus territórios, pois eles acreditavam que teriam mais chances de vitória por estarem na terra de seus deuses e isso os faria mais fortes.

De todos os fenômenos humanos, a religião é o mais complexo de ser explicado. À primeira vista, aos olhos de um leigo, as explicações dadas pela religião não fazem nenhum sentido! Mas mesmo quando alguém que não professa nossa religião, ri de nossas crenças, costumamos ser pouco cordiais e até agressivos. Não conseguimos compreender a religião e a fé apenas com a razão, no entanto, não somos capazes de entendê-las sem a razão. Para Pascal, filósofo francês do século XVII a incompreensão é um elemento que faz parte da religião, negar isso é destruir a espiritualidade por trás dela.

A religião é, de fato, um fenômeno humano extremamente complexo e multifacetado, que engloba aspectos culturais, sociais, emocionais e espirituais. Ela tem sido uma parte significativa da história e continua a desempenhar um papel importante em diversas sociedades ao redor do mundo. A religião é uma das maneiras pelas quais os seres humanos buscam dar sentido à sua existência, compreender o desconhecido e enfrentar questões fundamentais sobre a vida, a morte, o propósito e a moralidade.

As explicações oferecidas pelas religiões podem ser difíceis de compreender para alguém que não compartilha da mesma fé ou formação cultural, porque muitas vezes estão enraizadas em mitos, histórias sagradas e simbolismos que transcendem a lógica estrita. As crenças religiosas frequentemente se baseiam em fé, que é a confiança ou a crença em algo sem provas empíricas tangíveis. Isso torna as explicações religiosas distintas das abordagens racionais e científicas que exigem evidências verificáveis e observações objetivas.

CAPÍTULO 2

Conhecimento Religioso

Religiosidade implica em coexistência e só é torna plena quando isenta de violência.

Agora que compreendemos que a religião faz parte da existência humana, como podemos definir o que é religião? Religião é toda e qualquer manifestação religiosa que executamos. Pode ser o batismo numa igreja cristã, a adoração num templo budista, a leitura do rolo da Torá em uma sinagoga numa manhã de sábado, ou ainda a peregrinação de um muçulmano à Meca.

Você pode agora estar se perguntando de maneira incrédula: "será que essas atividades têm alguma coisa em comum?" "será que seus participantes compartilham algum sentimento semelhante a respeito do que fazem?"

Essas questões são frequentemente discutidas pelos estudiosos de uma área acadêmica chamada "ciências da religião" e procuraremos ao longo dessa obra compreender um pouco desse tema tão provocador. Estamos acostumados a olhar as religiões apenas sob o nosso prisma, baseados em nossas experiências, no entanto, o pesquisador investiga de uma perspectiva externa todas as religiões, buscando semelhanças e diferenças, e tenta descrever o que vê. A descrição dele nem sempre é plena e exaustiva, se comparada aos sentimentos de um crente acerca de sua religião. Mas então por que usaremos esse método de estudos e por que esse posicionamento pode contribuir com nossa leitura das religiões?

Em Marcos 16.15 Jesus disse "Ide e pregai", não "Ide e julgai". Cabe ao cristão o papel de mensageiro, e para que possamos desempenhar bem nosso papel precisamos compreender o outro e como se desenvolve sua crença. A compreensão da religiosidade é uma ferramenta muito mais poderosa do que a compreensão dos erros que compõem uma crença. Da mesma forma que nos recusaríamos a aceitar os argumentos de um muçulmano dizendo que Cristo não é Deus, é pouco provável que ele aceite nossa argumentação de que Maomé não é um profeta. É como o que acontece com a música. Um especialista em teoria musical pode explicar de que maneira uma composição foi construída, e descrever suas tonalidades e seus instrumentos, mas jamais conseguirá recriar a experiência que a música transmite.

A religião (ou a falta dela!) é parte profundamente relevante da vida humana. desempenha um papel bastante significativo na vida social e política de todas as partes do globo.

Ouvimos falar de católicos e protestantes em conflito na Irlanda do Norte, cristãos contra muçulmanos nos Bálcãs, atrito entre muçulmanos e hinduístas na Índia, guerra entre hinduístas e budistas no Sri Lanka. Nos Estados Unidos e no Japão há seitas religiosas extremistas que já praticaram atos de terrorismo. Ao mesmo tempo, representantes de diversas religiões promovem ajuda humanitária aos pobres e destituídos do Terceiro Mundo. É difícil adquirir uma compreensão adequada da política internacional sem que se esteja consciente do fator religião.
Um conhecimento religioso sólido também é útil num mundo que se torna cada vez mais multicultural. Muitos de nós viajam para o exterior, entrando em contato com sociedades que têm diferentes valores e modos de vida, ao mesmo tempo que imigrantes e refugiados chegam a nossa própria porta, confrontando-se com um sistema social que lhes é totalmente estranho.

Além disso, o estudo das religiões pode ser importante para o desenvolvimento pessoal do indivíduo. As religiões do mundo podem responder a perguntas que o homem vem fazendo desde tempos imemoriais (GAARDER, 2001).

Como dissemos inicialmente, uma definição aceitável para Religião é que ela trata da busca pela salvação. Em alguns casos a salvação da religião pode significar "livrar-se" desse mundo. Para a filosofia, a Religião é parte da formação humana e sua evolução depende da situação no homem no tempo e no espaço. Assim, vale dizer que nós evoluímos de maneira diferente dos antigos. As crenças podem ser similares e até motivadas da mesma forma, mas o modo que eu e você expressamos nossa fé, com certeza será completamente diferente da forma que um cristão do século I a expressava.

Segundo Epicuro, filósofo grego do século II a.C., a origem da religião está na necessidade humana de explicar o movimento da vida, assim, para ele a religião era mais um ato de contemplação da existência do que um trabalho de caráter prático. No entanto, Hobbes, filósofo inglês do século XVII, contestou essa visão, afirmando que a religião é algo perfeitamente prático. Para ele, a religião surge do medo que o Homem tem do futuro incerto:

> Por ser inegável que existem causas para todas as coisas que existem ou existirão, é impossível para o homem que tenta prevenir-se contra os males que teme e obter os bens que deseja, deixar de viver em contínua preocupação com o porvir, de tal maneira que todos os homens, sobretudo os mais previdentes, vivem num estado semelhante ao de Prometeu.

Aqui Hobbes faz referência ao mito grego de Prometeu. Segundo a mitologia grega, Prometeu, após roubar o fogo dos deuses, foi castigado por Zeus, que o deixou acorrentado a uma rocha por toda a eternidade enquanto uma grande águia comia todo dia seu fígado – que se regenerava no dia seguinte, deixando-o constantemente em estado de pavor.

Seja por precaução ou por medo, tenha um caráter prático ou meramente teórico, está claro que o Homem sente um desejo constante de conectar-se com o sagrado. Para Rubem Alves, o desejo humano de estar conectado com o sagrado nasce com Adão e Eva, logo após a expulsão do jardim do Éden.

A religião visa responder a algumas das maiores questões da vida, como a razão de nossa existência, o sofrimento humano e os caminhos misteriosos do universo. Existem várias visões de religião. O teísmo afirma que o universo é criado e governado por um Deus poderoso e onipotente – o judaísmo, o islamismo e cristianismo são exemplos de religiões teístas.

Uma visão panteísta da religião, por outro lado, baseia-se na noção de que Deus é tudo e tudo é parte de Deus. Hinduísmo e Budismo, por exemplo, são religiões panteístas. Numa outra direção caminham os agnósticos que não aceitam nem negam a existência de Deus ou de uma realidade superior. Eles têm consciência de sua "ignorância". As questões de prova, validade e racionalidade na religião, levam algumas pessoas a assumirem uma postura ateísta. Um ateu nega a existência de um Deus criador e acredita que o universo é de natureza material e não tem dimensão espiritual.

Independentemente de sua posição sobre a religião, não se pode negar que o conhecimento religioso é parte essencial da vida de todos nós e é influenciado pela memória individual e compartilhada, pela linguagem e pela emoção de cada indivíduo. A religião desempenha um papel importante quando fazemos julgamentos de valor e a fé é uma forma inestimável de saber quando analisamos o conhecimento religioso.

Os ateus frequentemente apontam problemas com as interpretações antropomórficas de Deus na maioria das religiões (institucionalizadas). Se você acredita em Deus, você pensa em Deus em termos de gênero? Etnia? O seu Deus se parece com um ser humano de alguma forma? Se sim, a aparência do seu Deus é similar à sua? Por quê?

Independentemente da resposta, é muito difícil pensar em Deus em termos completamente alheios ao nosso mundo físico. Assim, percebemos que existe uma necessidade humana em dar forma à sua religiosidade. Evoluindo em nossas investigações poderíamos perguntar: a verdadeira religião tem relação com a nossa experiência física, visto que trata de aspectos metafísicos? Alguém poderia argumentar que vemos o que queremos ver e o que vemos de uma perspectiva humana, logo, a religião só faria sentido se ocorresse no "espírito" humano e não no nível da "carne"... Ernst Cassirer afirma que nossas crenças derivam da percepção social em que fomos construídos. No entanto, por conta dessa limitação deveríamos caminhar para o ceticismo ou até mesmo para o ateísmo?

Sem dúvidas a experiência humana tem relevante importância na prática religiosa; são diversos os relatos de experiências religiosas intensas em algum momento da vida e algumas pessoas descreveram algo semelhante quando passaram por uma "experiência de quase morte". Outros crentes afirmam ter testemunhado milagres. Esses milagres frequentemente influenciam a fé de outros crentes e foram descritos em textos religiosos.

Falando sobre a manifestação física da fé, Rubem Alves começa seu texto "O que é Religião" com os seguintes dizeres:

> Houve tempo em que os descrentes, sem amor a Deus e sem religião, eram raros. Tão raros que os mesmos se espantavam com a sua descrença e a escondiam, como se ela fosse uma

> peste contagiosa. E de fato o era. tanto assim que não foram poucos os que foram queimados na fogueira, para que sua desgraça não contaminasse os inocentes. Todos eram educados para ver e ouvir as do mundo religioso, e a conversa cotidianamente, este ténue fio que sustenta visões de mundo, confirmava, por meio de relatos de milagres, aparições, visões, experiências místicas, divinas e demoníacas, que este é um universo encantado e maravilhoso no qual, por detrás e através de cada coisa e cada evento, se esconde e se revela um poder espiritual.

Vemos nesse breve texto uma verdade conclusiva sobre a religiosidade. A necessidade de se orientar na vida e manifestar fisicamente uma fé é fundamental para os seres humanos. Não precisamos apenas de comida e bebida, de calor, compreensão e contatos físicos; precisamos também descobrir por que estamos vivos. Não eram só os antigos que faziam perguntas a respeito da vida e da morte. Ainda hoje, nós perguntamos:

- Quem sou eu?
- Como foi que o mundo passou a existir?
- Que forças governam a história?
- Deus existe?
- O que acontece conosco quando morremos?

Essas são as chamadas questões existenciais, pois dizem respeito a nossa própria existência. Muitas questões existenciais são bastante gerais e como vimos antes, surgem em todas as culturas. Embora nem sempre sejam expressas de maneira tão sucinta, elas formam a base de todas as religiões. Não existe nenhuma raça ou tribo de que haja registro que não tenha tido algum tipo de religião.

CAPÍTULO 3

Aspectos teóricos da Religião e suas origens

É no cerne do Iluminismo, em pleno século XVIII, que diversas críticas à religião surgem de maneira mais consistente. Muitas suposições comuns sobre religião em geral e nas tradições religiosas em particular que representam mal-entendidos fundamentais. Os estudiosos da religião estão bem cientes dessas suposições e articulam alguns fatos básicos sobre as próprias religiões e o estudo da religião que servem como fundamentos úteis para a investigação.

O ensino religioso no Brasil e nos EUA, por exemplo, é fundamentado por parâmetros curriculares que defendem a neutralidade do ensino, procurando evitar qualquer tipo de proselitismo. Em primeiro lugar, os estudiosos destacam a diferença entre a expressão devocional de crenças religiosas particulares como normativa e o estudo imparcial da religião que aceita a fala de diversas tradições religiosas sem se sobrepor de forma alguma.

A importância dessa distinção é que ela reconhece a validade de afirmações teológicas normativas sem as equiparar a verdades universais sobre a própria tradição. E por que essa diferenciação é relevante? Porque nos permite ter um estudo imparcial da religião e de seus conteúdos. Infelizmente, essa distinção é frequentemente ignorada no discurso público sobre religião, citamos como exemplo, o debate contemporâneo sobre os papéis das mulheres no Islã, ou sobre a ordenação pastoral de mulheres no meio evangélico brasileiro: esses temas são peculiares ao campo eclesiástico, mas não a uma aula de ensino religioso. No entanto, o ensino religioso não pode se omitir sobre o debate que existe em torno do feminino na religião. Na verdade, há uma variedade de interpretações teológicas da tradição que levam a práticas e afirmações diferentes, e até, às vezes, antitéticas.

No campo religioso é apropriado e comum que membros de uma comunidade específica afirmem e defendam suas interpretações teológicas, mas é importante também reconhecer a diferença entre uma afirmação teológica que é local e peculiar e a verdade inegável de que existem múltiplas perspectivas do mesmo tema. Logo, nesse sentido, compreender a multiplicidade da religião, a despeito de suas perspectivas deve ser o objetivo do teólogo que se debruça sobre o estudo inter-religioso. Essa é a abordagem promovida aqui e a mais apropriada para promover o entendimento público da religião.

Diante disso, precisamos sempre ter em mente três afirmações centrais que decorrem do reconhecimento da distinção entre expressão devocional e o estudo imparcial da religião:

- As religiões são internamente diversas;
- As religiões evoluem e mudam ao longo do tempo, em vez de serem a-históricas e estáticas;
- Influências religiosas estão embutidas em todas as dimensões da cultura, em oposição à suposição de que as religiões funcionam em contextos discretos, isolados e "privados".

As religiões são diversas: apesar de verdadeira, tal afirmação requer explicações devido às maneiras comuns pelas quais as tradições e práticas religiosas são frequentemente retratadas como uniformes. Além das óbvias diferenças formais nas tradições representadas por diferentes seitas ou expressões (por exemplo, católico romano, ortodoxo, protestante no cristianismo), existem diferenças nas seitas ou expressões porque as comunidades religiosas funcionam em diferentes contextos sociais / políticos. Um exemplo é o debate mencionado sobre os papéis das mulheres no Islã ou no meio evangélico brasileiro. Há ainda os axiomas que frequentemente vêm à tona: "Os budistas não são violentos", "Os cristãos se opõem ao aborto", "Religião e ciência são incompatíveis", etc. Nossas afirmações sobre religião não podem ser radicais, sob hipótese alguma.

As religiões evoluem e mudam: Essa afirmação requer explicação devido à prática comum de apresentar tradições religiosas sem contexto social ou histórico e unicamente (ou principalmente) por meio de expressão ritual e / ou crenças abstratas. As religiões existem no tempo e no espaço e são constantemente interpretadas e reinterpretadas pelos crentes. Por exemplo, a prática da escravidão foi justificada e difamada pelas três tradições monoteístas em diferentes contextos sociais e históricos.

Influências religiosas estão incorporadas nas culturas: as religiões são coleções de ideias, práticas, valores e histórias que são todas incorporadas nas culturas e não separáveis delas. Assim como a religião não pode ser entendida isoladamente de seus contextos culturais (ou políticos), é impossível entender a cultura sem considerar suas dimensões religiosas, do mesmo modo que raça, etnia, gênero, sexualidade e classe socioeconômica são sempre fatores de interpretação e compreensão cultural, o mesmo acontece com a religião. Explícitas ou implícitas, as influências religiosas sempre podem ser encontradas quando perguntamos pela religião sob qualquer perspectiva, seja ela social ou histórica.

As reivindicações modernistas que preveem o declínio constante da influência política transnacional da religião que foi formalizada pela primeira vez no século XVII foram fundamentais para várias teorias políticas modernas por séculos. No entanto, eventos como 1) a Revolução Iraniana em 1979; 2) a queda do muro de Berlim em 1989; e 3) os ataques terroristas de 11/9 levaram os teóricos políticos do Ocidente a reconhecerem as maneiras altamente problemáticas pelas quais as religiões e influências religiosas foram marginalizadas e avaliadas de maneira simplista demais.

Nesse contexto de reflexão político teológica surge o que é chamado de alfabetização religiosa. A alfabetização religiosa implica na capacidade de discernir e analisar as interseções fundamentais da religião e da vida social / política / cultural através de múltiplas lentes. Esse processo prevê:

- uma compreensão básica da história, textos centrais (quando aplicável), crenças, práticas e manifestações contemporâneas de várias tradições religiosas do mundo, à medida que surgiram e continuam a ser moldadas por determinados contextos sociais, contextos históricos e culturais; e
- a capacidade de discernir e explorar as dimensões religiosas das expressões políticas, sociais e culturais através do tempo e do espaço.

Crítica para essa definição é a importância de entender as religiões e influências religiosas no contexto e como agem em todas as dimensões da experiência humana. Compreender o fenômeno religioso em seu contexto destaca a inadequação de entender as religiões por meios comuns, como aprender sobre práticas rituais ou explorar "o que as escrituras dizem" sobre tópicos ou perguntas. Infelizmente, essas são algumas das abordagens mais comuns para aprender sobre religião e levam a representações simplistas e imprecisas dos papéis que as religiões desempenham na ação e entendimento humanos.

Compreender a religião significa identificar como as lentes políticas, econômicas e culturais estão fundamentalmente alinhadas. Por exemplo, as dimensões econômicas ou políticas da experiência humana não podem ser entendidas com precisão sem entender as influências religiosas e outras influências ideológicas que moldam o contexto cultural a partir do qual surgem ações e motivações políticas ou econômicas específicas: as religiões estão inseridas na cultura e a "cultura" sofre influências políticas e econômicas.

Em seu ensaio "Religião Comparada: Para Onde e Por quê?", o teólogo Wilfred Cantwell Smith sugere um caminho geral, especialmente quando diz que "o estudo da religião é o estudo das pessoas" e "o estudo adequado da religião (humanidade) é por inferência." De todos os ramos da investigação humana, nenhuma área é tão pessoal como essa. A fé é uma qualidade da vida humana. "Todas as religiões são novas religiões todas as manhãs. Pois as religiões não existem no céu em algum lugar, elaboradas, acabadas e estáticas; elas existem nos corações humanos".

Estamos estudando, então, algo não diretamente observável? Sim de fato, compreender a religião é um esforço para compreender a alma humana. É um erro fundamental tomar as manifestações observáveis de alguma preocupação humana, como se fossem a própria preocupação. Os aspectos externos da religião – símbolos, instituições, doutrinas, práticas – podem ser examinados separadamente, mas essas coisas não são em si mesmas religião no sentido mais amplo da palavra; são apenas expressões do que elas significam para os envolvidos. Não há dúvida de que o conhecimento que aprendemos sobre o que Smith chama de "observáveis" na religião é importante para a compreensão das escrituras budistas, mas também o que aprendemos quando estudamos o que não é diretamente observável é fundamental para entender a religião.

Também devemos saber que estudar o que não é diretamente observável sempre envolve uma transformação do conhecedor de uma maneira que nem sempre ocorre quando estudamos o que é observável – nas palavras de Billy Graham, "nós somos a Bíblia que o mundo está lendo..." – assim, a observação religiosa pode nos dizer muito mais sobre uma religião do que qualquer leitura de texto sacro.

CAPÍTULO 4

O diálogo como modo de evangelização

É possível falar sobre Religiões e não pensarmos na importância do diálogo? Falar a respeito desse tema é desafiador, assim como evitar falar dele! No caso do diálogo entre evangélicos, fica muito fácil compreender o objetivo desse diálogo. O diálogo entre igrejas evangélicas vai além do intercâmbio, fortalece a unidade da noiva de Cristo, reforça nosso testemunho na Terra, contribui no combate à discriminação e intolerância, reforça o trabalho social de nossas igrejas e acima de tudo ajuda na propagação do Evangelho da Paz. Mas, precisamos reforçar que o diálogo entre cristãos evangélicos, ***NÃO*** é:

- Disfarce, para uma igreja dominar a outra;
- Algo que afaste a pessoa de sua própria igreja;
- Mistura de tudo num mesmo Cristianismo;
- Fazer todos concordarem em tudo;
- Fingir que as diferenças não existem;
- Desvalorizar as normas de cada igreja;
- Deixar de lado o espírito crítico.

Assim, para facilitar, podemos dizer que o diálogo cristão é a reunião de duas ou mais igrejas cristãs, de mesma confissão, visões e crenças doutrinárias para discussão, defesa ou compreensão de pontos em comum e que normalmente não são doutrinários, mas sim de caráter político, social, cultural ou histórico. Por exemplo, quando duas ou mais igrejas diferentes se unem para defender uma causa comum às duas (ex.: Igreja Assembleia de Deus e Igreja Batista se unem para condenar ou combater o aborto, ou ainda, quando essas igrejas se unem para interagir contra um projeto de lei que causa prejuízo à liberdade de culto).

Não podemos nos esquecer que esse diálogo é necessário porque a história da comunidade dos seguidores de Jesus é uma história de incessante luta pela unificação que atravessa os séculos e se dá sempre que determinadas formas culturais de manifestação da fé dessa mesma comunidade se tornam absolutas, negando o valor e a autenticidade de outras expressões da vivência evangélica.

Internamente, o conflito ocorre sempre que uma instituição crê numa pseudo superioridade que insiste em diminuir o próximo por julgá-lo incompleto ou inferior. Infelizmente essa atitude acaba sempre por desvirtuar a Mensagem do Evangelho, dando mais valor a experiência Humana do que ao ato de salvação expressado pelo Cristo. Dialogar com não significa dizer que vamos mudar nossos princípios e valores ou tampouco que as nossas doutrinas estão erradas, mas nos permite reavaliar constantemente se as nossas estratégias em prol do crescimento do Reino são as mais adequadas para o momento que vivemos.

A falta de reflexão sobre nossos princípios e tradições implica em um afastamento (nem sempre perceptível) dos princípios da Reforma, uma vez que essa se fundamentou na proclamação do caráter provisório das manifestações histórico-culturais da comunidade cristã expressa na fórmula "ecclesia... semper reformanda"! (igreja sempre em reforma). Ou seja, nós reformistas, quando nos assentamos em nossos princípios ideológicos sem nos abrirmos à reflexão, impedimos a fluidez da unidade do Corpo de Cristo. Com isso fugimos da filosofia original tão defendida pelos reformadores.

Johan Vincent Galtung (nascido em 24 de outubro de 1930) é um sociólogo norueguês, matemático e o principal fundador da disciplina de estudos sobre paz e conflitos. Suas obras apresentam uma profunda reflexão sobre a coexistência harmônica das religiões. Ele foi o principal fundador do Instituto de Pesquisa da Paz de Oslo (PRIO) em 1959 e atuou como seu primeiro diretor até 1970. Ele também estabeleceu o Journal of Peace Research em 1964. Em 1969, foi nomeado para a primeira cadeira do mundo em paz e conflito estudos, na Universidade de Oslo. Muitas vezes referido como o "Pai dos Estudos da Paz", Galtung descreveu a existência de três tipos de violência que se manifestam em momentos culturais/históricos específicos. Compreender essas descrições traçadas por Galtung nos auxiliam a compreender a intolerância que está por trás do tema e que frequentemente dificulta nosso trabalho no processo evangelístico. A saber:

<u>A violência direta</u>: representa comportamentos que servem para ameaçar a própria vida e/ou diminuir a capacidade de atender às necessidades humanas básicas. Podemos citar como exemplo matança, mutilação, bullying, agressão sexual e manipulação emocional.

<u>A violência estrutural</u>: representa as maneiras sistemáticas pelas quais alguns grupos são impedidos de ter acesso a oportunidades, bens e serviços que atendam às necessidades humanas básicas. Podem ser formais como nas estruturas legais que impõem a marginalização (como o Apartheid na África do Sul) ou podem ser culturalmente funcionais, mas sem validade legal.

A violência cultural: representa a existência de normas sociais predominantes que fazem com que a violência direta e estrutural pareça "natural" ou "certa" ou pelo menos, aceitável. Por exemplo, a crença de que os africanos são primitivos e intelectualmente inferiores aos caucasianos deu sanção ao tráfico de escravos na África.

O entendimento de Galtung sobre a violência cultural ajuda a explicar como crenças proeminentes podem se tornar tão incorporadas em uma determinada cultura que funcionam como absolutas e inevitáveis e são reproduzidas acriticamente através das gerações.

Essas formas de violência são inter-relacionadas e se reforçam mutuamente. A tipologia de Galtung fornece um veículo útil para discernir os papéis complexos que as religiões desempenham nas três formas de violência, bem como em suas formas correspondentes de paz. As formulações de violência cultural e paz cultural são especialmente úteis e relevantes.

Em todos os contextos culturais, influências religiosas diversas e muitas vezes contraditórias estão sempre presentes. Algumas vezes serão presenças explícitas, mas em muitas ocasiões estarão implícitas. Algumas influências promoverão e/ou representarão crenças socialmente normativas, enquanto outras promoverão e/ou representarão convicções marginalizadas.

Galtung afirma que as religiões funcionavam para apoiar e desafiar a legitimidade moral do comércio transatlântico de escravos e as religiões continuam a funcionar para apoiar e impedir formas estruturais e diretas do racismo contemporâneo. Da mesma forma, atualmente as religiões funcionam de maneiras específicas para moldar e apoiar, além de desafiar teorias econômicas importantes e suas manifestações políticas.

Ou ainda, pode acabar no relativismo que afirma que cada um é dono de sua própria verdade. A alternativa a esses dois cenários é o diálogo, inconformado com o caos religioso, mas também contrário a quaisquer métodos violentos.

A igreja deve empatizar com a estranhável miséria daquelas que vivem à cegueira de outras religiões, assumir posição e buscar formas de convivência, para assim, gradativamente converter os povos a Cristo. O horizonte do pensamento cristão passa a ser, em escala crescente, não somente a própria tradição ou o mundo secular, e sim o mundo multicultural.

João 3.16 nos lembra que Deus amou o mundo. Tal afirmação não implica em exceções, é ampla e irrestrita, assim como deve ser nossa relação com o mundo, como afirma John Wesley, "o mundo é minha paróquia".

Do ponto de vista da nossa Fé, sabemos que Jesus é nossa única possibilidade de salvação para a Humanidade (João 14.6), mas como levar essa mensagem ao próximo, sem despertar gratuitamente o ódio ou o preconceito? Sabemos também que a Mensagem do Evangelho tem um preço (João 16.33) e que sofreremos por amor dessa Palavra (veja Lucas 21), mas ainda assim, cabe-nos a tarefa de partilhar da Fé de maneira sábia e equilibrada.

Como sugestão para seguir com essa tarefa sem nos desviarmos da obra evangelística para a qual todo crente foi chamado, faz-se necessário estabelecer um modelo dialogal que é consciente de algumas verdades.

Essas reflexões aqui destacadas nos ajudarão no processo de evangelismo – precisamos ainda lembrar que a sociedade do século XXI é verdadeiramente multicultural. Isso se deu por conta dos efeitos da globalização que permitiu um intercâmbio cultural sem precedentes, que mesclou povos e avizinhou regiões e religiões. Diante disso, a fé cristã precisa se ajustar a um mundo crescentemente plural que lhe nega tradicionais monopólios. Multiculturalidade significa a coexistência de diferentes culturas no mesmo ambiente, lado a lado, em confronto imediato.

Colidem nesse contexto portanto, estilos de vida, credos religiosos, ideologias, interesses, direitos, expectativas em proporção inédita. Nessas condições, sustentabilidade social depende da arte de conviver com diferenças. Logo, exige-se então tolerância. Tolerância, porém, se distingue de permissividade. Ela tem limites. A Igreja de Cristo não pode "suportar" a suspensão do primeiro mandamento, o atentado à própria liberdade ou à dignidade humana, nem pode conformar-se com o crime, o pecado.

Respeitar o outro não significa de forma alguma que temos obrigação de aprovar os credos. Existem deidades terrivelmente "desumanas", deuses opressores, cultos satânicos. Não há como conferir-lhes o atestado da legitimidade. Além disso, as pessoas buscam certezas. Não conseguem viver com a permanente dúvida. Por mais paradoxal que pareça, o relativismo acaba gerando novos fundamentalismos.

CAPÍTULO 5

O que é uma heresia?

Para a igreja cristã, heresia é um afastamento da verdade. De acordo com o dicionário bíblico Tyndale, a palavra grega hairesis, que significa "escolha", designa uma seita ou facção. Os saduceus e fariseus eram seitas dentro do judaísmo. Os saduceus negavam a ressurreição dos mortos, e a vida após a morte, dizendo que a alma deixaria de existir após a morte. Por outro lado, os fariseus acreditavam na vida após a morte, na ressurreição do corpo, na importância de manter rituais e na necessidade de converter os gentios.

Com o passar do tempo, o termo heresia passou a designar divisões, cismas e facções que mantinham opiniões divergentes dentro da igreja primitiva. À medida que o cristianismo crescia e se desenvolvia, a igreja estabeleceu os ensinamentos básicos da fé. Esses princípios básicos podem ser encontrados no Credo dos Apóstolos e no Credo Niceno, por exemplo. Ao longo dos séculos, no entanto, teólogos e figuras religiosas propuseram doutrinas que contradiziam as crenças cristãs estabelecidas. Para manter essas crenças puras, a igreja escolheu pessoas conhecedoras da verdade doutrinária e capazes de contestar as ameaças que surgiam.

Não demorou muito para que os chamados hereges fossem rotulados não apenas como inimigos da igreja, mas também como inimigos do estado. A perseguição se espalhou à medida que os papas autorizaram as inquisições. Essas investigações frequentemente resultavam em tortura e execução de vítimas inocentes. Milhares de pessoas foram presas e queimadas na fogueira.

Hoje, a palavra heresia expressa qualquer ensino que possa fazer com que um crente se desvie da ortodoxia (prática correta) ou dos pontos de vista aceitos pela comunidade de fé. A maioria das heresias propõe visões de Jesus Cristo e Deus que são contrárias ao que é encontrado na Bíblia. As heresias incluem gnosticismo, modalismo (a ideia de que Deus é uma pessoa em três modos) e triteísmo (a ideia de que a Trindade é, na verdade, três deuses separados).

Nas seguintes passagens do Novo Testamento, a palavra heresia é traduzida como "divisões":

> Pois, em primeiro lugar, quando vocês se reúnem como igreja, ouço que há divisões entre vocês. E eu acredito nisso em parte, pois deve haver facções entre vocês para que aqueles que são genuínos entre vocês possam ser reconhecidos. (1 Coríntios 11.18-19)

> Agora, as obras da carne são evidentes: imoralidade sexual, impureza, sensualidade, idolatria, feitiçaria, inimizade, contenda, ciúme, acessos de raiva, rivalidades, dissensões, divisões, inveja, embriaguez, orgias e coisas assim. Eu o advirto, como já o alertei antes, que aqueles que fazem tais coisas não herdarão o reino de Deus. (Gálatas 5.19-21)

Paulo na carta a Tito e Pedro em sua segunda epístola falam de pessoas que são hereges:

> Quanto a uma pessoa que incita divisão, depois de adverti-la uma e duas vezes, não tenha mais nada a ver com ela, (Tito 3.10)

> Mas falsos profetas também surgiram entre o povo, assim como haverá falsos mestres entre vocês, que secretamente introduzirão heresias destrutivas, até mesmo negando o Mestre que os comprou, trazendo sobre si uma destruição rápida. (2 Pedro 2.1)

O chamado "Concílio de Jerusalém" ocorrido por volta do ano 50 d.C., por exemplo, foi estabelecido para rebater a heresia propagada pelos judaizantes que espalharam a heresia que afirmava que os gentios tinham que se tornar judeus antes de se tornarem cristãos.

Diversas heresias surgiram ao longo da História do Cristianismo. Desde o primeiro século do Cristianismo, houve desacordos sobre a natureza da trindade, a natureza de Jesus, a natureza da Igreja Cristã e uma ampla variedade de tópicos colaterais. Frequentemente, os religiosos medievais citaram heresias clássicas como o donatismo, o nestorianismo e o pelagianismo ao condenar as práticas cristãs da época. Entre as heresias clássicas mais duradouras estavam o arianismo e o gnosticismo. Arianos se opuseram à ideia da trindade, argumentando que era impossível para o Deus Filho (Cristo) estar no mesmo nível que Deus Pai; assim, eles afirmaram que Cristo era um homem exatamente como os outros homens, mas com uma missão divina que depois o elevou à divindade.

O arianismo apelou ao "bom senso" de muitos cristãos, especialmente devido à natureza patriarcal da sociedade clássica e das tribos germânicas nas quais o cristianismo se espalhou. O gnosticismo era a ideia de que o mundo e todas as coisas físicas nele são corruptas e que a salvação, portanto, é puramente interna. Os gnósticos acreditavam que o objetivo de um verdadeiro cristão deveria ser rejeitar todas as coisas deste mundo, que é, na melhor das hipóteses, um campo de batalha entre as forças do bem (Deus) e do mal (Satanás). O gnosticismo e o maniqueísmo, que estavam intimamente relacionados, floresceram em várias formas ao longo de toda a Idade Média.

Mesmo com todas essas definições, vale ainda afirmar:

- Heresia não é o mesmo que erro;
- Heresia é a escolha de abandonar o ensino amplamente aceito sobre uma doutrina essencial e abraçar a própria visão;
- Heresia é "pregar outro evangelho", como Paulo afirmou em Gálatas 1.9: "Como já dissemos, agora repito: se alguém vos está pregando um evangelho contrário ao que recebestes, seja anátema".

Tecnicamente falando, algo não é uma heresia apenas porque a igreja assim o considerou. É herético porque é um ensino que abandonou o "padrão de ensino sólido". Ainda hoje, quatro heresias são largamente propagadas no meio cristão:

1. "Boas ações contribuem para a salvação;
2. "Cristo apenas parecia ser humano";
3. "Prosperidade é ser rico";
4. "Eu me aproximo de Deus para depois ele se aproximar de mim".

Perceba que essas afirmações que parecem inocentes, destacam-se como uma verdadeira afronta aos céus. Cada princípio "inocente" traz em si uma distorção de princípios bíblicos consistentes.

Boas ações contribuem para a salvação: Essa afirmação é uma distorção do texto bíblico encontrado em Tiago 2.26: "Porque, assim como o corpo sem o espírito está morto, assim também a fé sem obras é morta". Aqui Tiago apresenta uma crítica feroz aos homens, que se dizendo piedosos, não agiam conforme seu discurso. Ele enfatiza, portanto, que uma vida transformada em Cristo é acompanhada de boas obras. Se as boas obras não se revelam na vida do crente, significa que ele ainda não goza de uma nova vida.

Cristo apenas parecia ser humano: Nos primeiros séculos do cristianismo essa discussão foi frequente, sendo inclusive motivo central de discussão no concílio de Nicéia em 325 d.C. A carta de Paulo aos Filipenses pode nos ajudar a compreender a natureza Humana e ao mesmo tempo divina de Cristo:

> De sorte que haja em vós o mesmo sentimento que houve também em Cristo Jesus, que, sendo em forma de Deus, não teve por usurpação ser igual a Deus, mas esvaziou-se a si mesmo, tomando a forma de servo, fazendo-se semelhante aos homens; e, achado na forma de homem, humilhou-se a si mesmo, sendo obediente até à morte, e morte de cruz.
>
> Por isso, também Deus o exaltou soberanamente, e lhe deu um nome que é sobre todo o nome; para que ao nome de Jesus se dobre todo o joelho dos que estão nos céus, e na terra, e debaixo da terra, e toda a língua confesse que Jesus Cristo é o Senhor, para glória de Deus Pai.

Cristo, sendo Deus, escolheu assumir forma humana, mas em nada era inferior ao pai e tampouco superior ao Espírito Santo.

Prosperidade é ser rico: por mais simples que essa afirmação pareça, trata-se de uma distorção profundamente cruel do princípio bíblico da prosperidade, gerando uma inversão de papéis na noção cristã de mordomia – não podemos nos esquecer que somos mordomos, administradores dos recursos dos céus dados por Deus. O belo discurso de Agur registrado em Provérbios 30.7-9 nos ajuda a compreender o que é a verdadeira prosperidade bíblicas:

> Duas coisas te pedi; não mas negues, antes que morra:
>
> Afasta de mim a vaidade e a palavra mentirosa; não me dês nem a pobreza nem a riqueza; mantém-me do pão da minha porção de costume; para que, porventura, estando farto não te negue, e venha a dizer: Quem é o Senhor? ou que, empobrecendo, não venha a furtar, e tome o nome de Deus em vão.

Eu me aproximo de Deus para depois ele se aproximar de mim: esse é um dos princípios heréticos mais delicados da atualidade. Não cabe nessa discussão debater pontos como a predestinação ou a graça universal. No entanto, a questão suscitada por Pelágio (veremos mais a respeito de Pelágio na seção 3.5 desse livro), um dos maiores expoentes dessa discussão, trata da responsabilidade do Homem em relação à fé e à conversão. Sob essa visão, o Homem é o único responsável por sua salvação. Assim, podemos dizer que a Graça não tem nenhuma influência sobre a escolha do Homem. Independentemente se o Homem é eleito por Deus ou ele próprio decide buscar a Salvação de Cristo, não podemos nos esquecer que isso só acontece porque a Graça de Deus se manifestou e ainda hoje atua em nossas vidas. O próprio Paulo, ao escrever aos Efésios (2.8) enfatiza a importância e a atuação da Graça em nossas vidas: "... pela graça sois salvos, por meio da fé; e isto não vem de vós, é dom de Deus".

Apesar de apresentar muitas diferenças, todas as vertentes do cristianismo acreditam da mesma forma em quatro pontos essenciais:

- Bíblia;
- Jesus;
- Batismo;
- Comunhão.

Negar ou distorcer qualquer um desses pontos pode ser também considerado uma heresia, ainda que ao negar não se construa uma visão doutrinária a respeito do assunto. Assim a recusa ou a contradição dos pontos acima já caracteriza uma heresia!

Bíblia: é o único guia de fé para o cristão. Não existe outro livro, ou referência que seja maior que a própria Bíblia, ela é o centro da doutrina cristã. É comum e até razoável que igrejas utilizem outros livros como referência ou como guias auxiliares para a compreensão da fé, no entanto é inconcebível que qualquer escrito substitua a posição e a relevância da Bíblia. Sobre isso, Paulo nos faz um importante alerta em Gálatas 1.8: "...ainda que nós mesmos ou um anjo do céu vos anuncie outro evangelho além do que já vos tenho anunciado, seja anátema".

Jesus: Sua essência, chamado e natureza são intocáveis. Ele é Deus, Homem e Salvador do mundo. Defini-lo apenas como um profeta, ou um mártir é negar seus atributos e negar-lhe a glória que lhe é devida. O autor da epístola aos Hebreus enfatiza muito bem o lugar de Jesus na História: "E a Jesus, o Mediador de uma nova aliança, e ao sangue da aspersão, que fala melhor do que o de Abel".

Batismo: Mais do que batizar, devemos seguir a ordenança registrada em Mateus 28.19: o batismo deve ser feito em nome do Pai, do Filho e do Espírito Santo. Não entraremos na discussão sobre se o batismo deve ser feito por aspersão ou não, ou ainda se crianças podem ou não ser batizadas; esse debate versa sobre o **formato** da ordenança, mas mais importante do que isso é a **fórmula** enunciada, pois nela reconhecemos a manifestação poderosa da Trindade no desenvolvimento da redenção humana.

Comunhão: chamada também de ***Eucaristia*** ou ***Ceia do Senhor***, se trata de um dos rituais mais emblemáticos da fé cristã. É o momento no qual a igreja em unidade celebra e agradece o sacrifício de Cristo na cruz. Em 1 Coríntios 11 o apóstolo Paulo oferece um belo panorama sobre a celebração desse momento e como ele deve ser praticado. A Bíblia não nos deixa orientações explícitas sobre a frequência com que devemos tomar do corpo e do sangue nesse ato simbólico, mas reforça a importância dessa celebração. Aqui novamente não nos preocuparemos com o formato da celebração, mas sobretudo com a fórmula e seu objetivo.

É possível que em algum momento de sua caminhada você já tenha conhecido alguém ou alguma igreja praticante desses desvios teológicos. Mas não perca tempo se preocupando com as discrepâncias teológicas que ela apresenta; dedique seu tempo ao diálogo a evidenciar as verdades e a boa-fé; e lembre-se: mais importante do que criticar e confrontar, é ensinar a verdade em amor.

AS GRANDES RELIGIÕES MONOTEÍSTAS

Sem dúvidas o monoteísmo representa a maior experiência religiosa do mundo: quatro em cada sete pessoas se proclamam monoteístas de qualquer linha religiosa. Curiosamente, no entanto, o monoteísmo não foi a primeira prática religiosa das comunidades pré-históricas. As pequenas sociedades primitivas anteriores ao quarto milênio antes de Cristo eram todas politeístas.

Mas o que mudou? Que aspectos levaram o Homem à busca de um ser superior e único. Veremos que o judaísmo tem espaço especial nessa transição. Sua cultura e tradição foram elementos essenciais que levaram à evolução do monoteísmo, não só na Palestina como também em outras regiões como a Pérsia e a Grécia.

Nessa unidade analisaremos como o politeísmo evoluiu, se tornando uma religião monoteísta; que aspectos foram fundamentais para esse desenvolvimento e como o monoteísmo ganhou a expressão da atualidade. Observaremos seu desvelar dos pontos de vista antropológicos, filosóficos e também históricos, dessa forma poderemos entender a complexidade oculta por trás do pensamento religioso monoteísta.

CAPÍTULO 1

O desenvolvimento do monoteísmo

"Quanto mais remontamos à Antiguidade, mais encontramos a humanidade imersa no politeísmo" – Assim David Hume, filósofo escocês do século XVIII começa sua reflexão sobre a Religião. De fato, o politeísmo foi por séculos a prática religiosa mais comum para a humanidade. Mas o que tornou o monoteísmo a religião da maioria mundial, perpetuando sua influência por mais de vinte séculos?

O monoteísmo é simplesmente definido como a crença em um deus e geralmente é posicionado como o oposto do politeísmo, a crença em muitos deuses. No entanto, a palavra monoteísmo é relativamente moderna, cunhada em meados do século 17 d.C. pelo filósofo britânico Henry More (1614-1687 d.C.). Vem das palavras gregas, "monos" (solteiro) e "theos" (deus). Na tradição ocidental, essa "crença em um deus" costuma referir-se especificamente ao Deus da Bíblia; o Deus do Judaísmo, Cristianismo e Islã (e sempre escrito com D maiúsculo). No entanto, no mundo antigo, o conceito de monoteísmo como o entendemos hoje não existia; todas as pessoas antigas eram politeístas. Eles podem ter elevado um deus como mais alto do que os outros (henoteísmo), mas ainda assim reconheceram a existência da multiplicidade divina.

O conceito de universo para os antigos consistia em três reinos: o céu (os céus); terra (humanos); e o submundo (às vezes conhecido como o submundo ou simplesmente "o mundo dos mortos"). O céu era o domínio dos deuses e estava repleto de uma multidão de divindades compreendidas em um gradiente de poderes. Muitas civilizações antigas tinham um deus dominante, ou um rei dos deuses, com outras divindades sendo responsáveis por vários aspectos da vida, servindo como uma corte de conselheiros ou simplesmente como mensageiros para os humanos abaixo. Muitos desses poderes podem transcender (cruzar) para a terra abaixo em várias manifestações. Eles também podiam viajar para o submundo, e nessas manifestações eram conhecidos como ctônicos (poderes do submundo). Algumas das divindades menores, conhecidas como demônios, passaram a ser percebidas como más com o tempo (demônios).

Apesar das múltiplas discussões em torno do tema, o monoteísmo que conhecemos hoje desenvolveu-se com Abraão, ainda quando este se chamava Abrão. Morador de Ur dos caldeus, a Bíblia Sagrada nos conta de seu chamado que o fez abandonar o culto a outros deuses (Gênesis 12). Não havia até o desenvolvimento do judaísmo uma concepção clara de crença num único Deus, portanto podemos tranquilamente afirmar que não havia credo comparável nos vários cultos étnicos anteriores ao judaísmo.

O equivalente mais próximo de conhecimento compartilhado foi encontrado nas obras de Homero (As Ilíadas; e Odisseia), Hesíodo (Teogonia) e nos mitos dos bardos como base das histórias da criação e dos deuses e heróis. Não havia a autoridade central de uma igreja para ditar a conformidade de crenças e práticas. Cada grupo étnico desenvolveu rituais e práticas necessárias para a adoração (consistindo em sacrifícios) que eram transmitidos aos seus ancestrais pelos deuses. Era extremamente importante realizar esses rituais sem erros.

Embora o termo monoteísmo em si seja moderno, os estudiosos têm tentado descobrir raízes antigas de crenças monoteístas no mundo antigo. No topo da lista está o faraó egípcio Akhenaton (1353-1336 a.C.), frequentemente referido como o primeiro monoteísta. Durante o período de Amarna, Akhenaton promoveu a adoração de Aton, o símbolo do sol, como a forma mais elevada de adoração e eliminou a adoração de Amon-Ra em Luxor, que era o deus dominante na época. No entanto, a tentativa de destruir os templos, imagens e o sacerdócio de Amon-Ra indicaria uma crença na existência (e influência) desse deus. Essa tentativa monoteísta causou furor no Egito antigo e durou menos de trinta anos, se extinguindo com a morte do Faraó. Apesar de sua tentativa de implantar o monoteísmo, não há evidências de que Akhenaton tenha perseguido ou eliminado os outros deuses da religião egípcia, nem tentou eliminar os numerosos festivais religiosos ou crenças após a morte em todo o Egito – isso demonstra, portanto, que sua empreitada monoteísta tinha uma pretensão meramente política.

Outra fonte para as raízes do monoteísmo antigo pode ser encontrada no zoroastrismo, que se tornou o culto estatal da antiga Pérsia. Zoroastro foi um profeta (veremos mais a respeito dele a diante) que promoveu a adoração de uma divindade suprema, Ahura Mazda, criador de tudo no universo. No entanto, Ahura Mazda emanou seis Amesha Spentas primárias (forças espirituais), bem como outros Yazatas (poderes abstratos) que estavam em oposição polar a outras forças (por exemplo, bem versus mal, verdade versus mentira, etc.) O extremo oposto de Ahura Mazda era chamado de "caos" e personificado como Angra Mainyu. Como tal, a existência de um poder oposto a toda a criação eventualmente deu origem a conceitos judaicos, cristãos e islâmicos posteriores do "Diabo". Apesar dos extremos de puro bem versus puro mal (ou o conceito conhecido como dualismo), os zoroastristas modernos afirmam que são os verdadeiros criadores do monoteísmo, já que tudo surgiu de "um".

O Judaísmo antigo continua a receber mais atenção por criar as origens do monoteísmo na tradição ocidental. Mais recentemente, alguns estudiosos estão aplicando o termo "monolatria", um sistema que reconhece a existência de outros deuses, mas opta por adorar apenas um. Como seus vizinhos, os antigos judeus concebiam uma hierarquia de poderes no céu: "filhos de deus" (veja Gênesis 6), anjos, arcanjos (os mensageiros de Deus que comunicam a vontade de Deus aos humanos), querubins e serafins. Os judeus também reconheceram a existência de demônios com muitos exemplos no ministério de Jesus nos evangelhos em seu papel como exorcista.

Pensando nisso, alguns estudiosos judeus sempre tentaram analisar Gênesis 1.26: "Então disse Deus: "Façamos o homem à nossa imagem e à nossa semelhança..." Com quem Deus está falando? As sugestões incluem as ideias antigas e comparáveis em culturas antigas de que os céus refletem as estruturas sociais da Terra; os reis geralmente tinham uma corte de conselheiros e, portanto, havia também uma corte celestial.

A história fundamental para a ideia de que os judeus eram monoteístas é quando Moisés recebe os mandamentos de Deus no Monte. Sinai: "Eu sou o Senhor seu Deus... não terá outros deuses além de mim" (Êxodo 20.3). Isso não indica que outros deuses não existam; é um mandamento que os judeus não deviam adorar outros deuses.

As Escrituras Judaicas constantemente referem-se à existência dos deuses das outras nações (grupos étnicos): Deuteronômio 6.14 ("não siga outros deuses"); 29.18 ("para servir aos deuses dessas nações"); 32.43 ("Louvado seja ó céus, seu povo, adore-o todos os deuses!"); Isaías 36.20 ("quem, entre todos os deuses dessas nações, salvou suas nações?"); Salmo 82.1 ("Deus preside a grande assembleia; ele faz o julgamento entre os deuses"). Na história do êxodo dos judeus do Egito, Deus luta contra os deuses do Egito para demonstrar quem controla a natureza. Isso faria pouco sentido se a existência desses deuses não tivesse sido reconhecida de fato: "...Trarei julgamento sobre todos os deuses do Egito". (Êxodo 12.12).

Apesar de a religiosidade por trás do conceito, o monoteísmo jamais foi exclusividade da religião. Com o surgimento das escolas de filosofia grega por volta de 600 a.C. em Mileto, a especulação filosófica sobre o universo e o lugar dos humanos nele começou a se espalhar por toda a bacia do Mediterrâneo. Muitos filósofos reuniam alunos ao seu redor (discípulos), e eram esses alunos que frequentemente escreviam os ensinamentos e os passavam para a próxima geração. A filosofia também estava associada às classes altas, pois apenas os ricos tinham tempo e lazer para se dedicar a essa forma de ensino superior. Com o passar dos tempos, a especulação filosófica a respeito do divino também alcançou os homens comuns e assim como o monoteísmo, ensinou um modo de vida, oferecendo suas próprias interpretações morais e espirituais.

As escolas de Platão, Aristóteles e os estoicos ensinaram maneiras de lidar com os caprichos da vida, mais preocupados com o estado da alma do que com as coisas externas mundanas. O foco era como a alma poderia retornar às suas origens no reino superior após a morte, reunindo-se com o "deus mais elevado". Para Platão, este deus elevado era incriado, imutável (não sujeito a mudanças) e pura essência (não matéria e, portanto, não sujeito à decadência). Por meio do artifício da alegoria, abstrações da realidade emanaram da mente de Deus, como a luz de uma vela. Esse deus também emanou o logos, ou o princípio da racionalidade, para ordenar o mundo físico.

Aristóteles (384-322 a.C.) tratou da metafísica ou da existência dos primeiros princípios. O deus supremo é a primeira de todas as substâncias, o "motor imóvel", que causa o movimento das esferas, os planetas. Para os estoicos, o universo era um único organismo energizado por uma força racional divina iminente que ordenava o universo de acordo com a lei natural. Eles ensinaram que todos deveriam viver uma vida de aceitação do bem e do mal, disciplinando-se para finalmente alcançar a harmonia com essa força divina.

Muitas escolas criticaram a mitologia tradicional grega e seu antropomorfismo (atribuindo características humanas aos deuses), embora muito poucas condenassem os sacrifícios tradicionais de uma vez ou pedissem a eliminação dos rituais tradicionais. Por meio de seus escritos, a filosofia contribuiu para as visões finais do monoteísmo tanto para os teólogos cristãos quanto para os rabinos posteriores.

Nossa evidência mais antiga para comunidades cristãs, as cartas de Paulo (c. 50-60 d. C.), demonstram o mesmo reconhecimento judaico nos poderes do universo. Muitas manifestações do divino foram aceitas nos mesmos gradientes de poder, mas apenas o Deus de Israel deveria ser adorado: "Mesmo que haja os chamados deuses no céu ou na terra - como de fato existem muitos senhores - ainda assim para nós há um só Deus, o Pai" (1 Coríntios 8.5). Paulo frequentemente reclamava dos deuses dos outros que impediam sua missão (2 Coríntios 4.4). Para ele, a existência deles era real, mas nunca superior à existência do Deus de Israel.

No entanto, o cristianismo primitivo tornou-se complicado em relação ao conceito de um deus quando um novo conceito foi introduzido. Desde o início (nas experiências pós-Páscoa dos Apóstolos), os cristãos começaram a afirmar que junto com a ressurreição de Jesus dentre os mortos, ele também foi "exaltado" ao céu e dado um assento "à destra de Deus" (Atos 7.56). 1 Pedro

3.21-22 afirma que: "Ele [o batismo] te salva pela ressurreição de Jesus Cristo, que subiu ao céu e está à destra de Deus, com anjos, autoridades e poderes submetidos a ele".

Até a destruição do Templo em Jerusalém, os primeiros seguidores de Jesus estavam de acordo com o ditado judaico de que os sacrifícios só podiam ser oferecidos ao Deus de Israel. Também sabemos que esses primeiros seguidores começaram a incluir outros elementos de adoração em relação a Jesus: batizar pessoas em nome de Jesus, curando e expulsando demônios em seu nome; expandindo o conceito de perdoar pecados em seu nome; orações e hinos dirigidos a Jesus.

Quando pagãos se converteram ao Cristianismo, eles adotaram o conceito judaico de se recusar a adorar os outros deuses. Isso levou à perseguição, visto que tal recusa foi entendida como traição ao Império Romano; não aplacar os deuses significava que você não queria que o Império prosperasse e poderia trazer o desastre. Traição sempre foi uma ofensa capital, e assim os cristãos foram executados nas arenas.

Podemos perceber que a discussão sobre o monoteísmo não é uma questão clara ou conclusiva. Fica evidente, no entanto, que o monoteísmo não é uma questão de matemática – de optar pelo número um em vez de outros números – mas a escolha consciente de pessoas se comprometendo com um deus em vez de com quaisquer outros e depositando sua fé naquele deus, afirmando assim como Josué o fez: "Mas eu e a minha casa serviremos ao Senhor" (Josué 24.15).

CAPÍTULO 2

Judaísmo

O judaísmo é a religião monoteísta mais antiga ainda em atividade. Seu templo sagrado foi destruído em 70 d.C. e hoje parte de seus seguidores costumam em frente ao muro que restou do templo – chamado "muro das lamentações".

Das três maiores religiões monoteístas ainda hoje praticadas, o judaísmo é a mais antiga. Suas tradições contam mais de cinco mil anos de história; os judeus possuem ainda um calendário próprio que remonta à origem do universo. Apesar do número cada vez menor de adeptos, continua sendo uma religião relevante para a compreensão da religiosidade nos dias de hoje; do judaísmo nasceu o cristianismo, assim como o próprio islamismo conserva diversas tradições herdadas da Torá, reconhecendo ainda Abraão e Moisés como grandes profetas.

O judaísmo nasce com os antigos hebreus, um povo inicialmente nômade que tem sua origem em Ur dos caldeus, uma das primeiras cidades do mundo antigo. Abrão, deixa sua família paterna para iniciar uma peregrinação que mudou sua vida (e seu nome!) e deu origem a esse povo que resiste até hoje. Com os hebreus surge o judaísmo, religião que não se limitou a uma única região ou povo, mas alcançou várias nações e povos. A influência do judaísmo, no entanto, ultrapassa a religiosidade, estendendo-se aos campos da cultura, ciência, ética, saúde e até culinária. A seguir, veja os principais eventos que permeiam o judaísmo e quando esses eventos ocorreram. Perceba que grande parte dos eventos que afetaram o judaísmo ocorreram com a nação de Israel. É quase impossível separar a religião judaica da história de Israel:

- 2.000 – 1.700 a.C.: Viagem de Abrão para Canaã e era dos patriarcas (Abraão, Isaque e Jacó);
- 1.700 – 1.300 a.C.: Formação do povo Hebreu no Egito (de José a Moisés);
- 1.300 – 1.200 a.C.: Êxodo (peregrinação do povo hebreu no deserto) e ocupação de Canaã – no início desse período foram escritas as leis e os primeiros escritos religiosos do povo judeu (o pentateuco mosaico);
- 1.200 – 1.100 a.C.: Período de dominação dos Juízes (de Otoniel a Samuel);
- 1.067 – 977 a.C.: A chamada "Era dourada de Israel" – período em que a monarquia foi instituída e no qual governaram Saul, Davi e Salomão;
- 1.000 a.C.: Construção do templo dedicado a Javé (o templo de Salomão);
- 977 – 830 a.C.: Cisma entre Judá e Israel – termina a "era dourada" de Israel. Com a morte de Salomão, surgem dois reinos distintos, Israel e Judá, ou também chamados respectivamente de Reino do Norte e Reino do Sul.
- 722 a.C.: Fim do reino de Israel. O império assírio conquista Israel e sua capital Samaria após aproximadamente duzentos anos da divisão dos dois Reinos. Para preservar a memória histórica de seu povo, o reino de Judá reassume o nome de Israel.
- 586 a.C.: Destruição de Jerusalém. Mais de cem anos depois da queda do Reino do Norte, os Babilônios conquistam Jerusalém e destroem o templo de Salomão. A maior parte do povo é exilado, restando apenas alguns habitantes na terra desolada. É nesse período que surge o judaísmo puramente como religião. Começa a se desenvolver nesse período a sistemática da religião judaica como a conhecemos hoje. Esse processo ocorreu naturalmente tendo em vista a preservação cultural do povo fora de sua terra.
- 537 a.C.: Ciro II, imperador persa, permite que os judeus retornem à sua terra natal. Pela primeira vez em décadas a região da Judéia recebe "novos" habitantes;
- 520 – 516 a.C.: Nesse período é realizada a reconstrução do templo em Jerusalém;
- 332 – 167 a.C.: Israel goza de relativa liberdade política e religiosa até que a terra é conquistada por Alexandre, o Grande. Esse período foi conturbado e sucedido por vários conflitos de poder entre os sucessores de Alexandre;

- 166 – 63 a.C.: Começa a revolta dos Macabeus contra as restrições religiosas impostas pelos impérios helênicos. Os Macabeus eram um grupo de rebeldes que se rebelaram e emanciparam a região da Judéia, alcançando diversos feitos notórios, como o restabelecimento da religião judaica como religião oficial da nação e a emancipação do reino que passa a ser governado pela dinastia dos asmoneus;
- 63 a.C.: Jerusalém é conquistada pelo general romano Pompeu, tornando-se estado vassalo do império Romano. Apesar de servir ao Império Romano, Israel goza por décadas de considerável paz, com grandes conquistas políticas, como por exemplo, a reforma do templo encabeçada por Herodes no começo do primeiro século da Era Cristã;
- 66 d.C.: Diante das imposições romanas ao território judeu, surge uma grandiosa revolta que tem como centro Jerusalém. Essa revolta prolonga-se até o ano 70 d.C. quando Jerusalém e o templo são novamente destruídos sob o comando do general imperador Vespasiano;
- 210 d.C.: Codificação da lei oral judaica (Mishná);
- 390 d.C.: Por volta do fim do século IV d.C., é concluído o "Talmude de Jerusalém", uma série de textos comentando a Torá (o Pentateuco de Moisés);
- 691 d.C.: No local onde originalmente foram construídos o primeiro e o segundo templo de Jerusalém, é construído "O Domo da Rocha", um dos edifícios mais importantes da fé islâmica;
- 1.099 – 1.291 d.C.: Dominação dos Cruzados. Nesse período a Palestina foi administrada pela Fé Cristã, representada por monges e organizações católicas;
- 1.564 d.C.: Publicação da "Shulchan Aruch", um dos textos judaicos mais respeitados até hoje pela maioria dos judeus – esse texto serve como referência para interpretação da Torá;
- 1.860 – 1.914 d.C.: Inicia nesse período uma forte reocupação judaica da Palestina. Em 1860 ocorre a Construção do primeiro bairro judaico da Modernidade em Jerusalém, mais exatamente fora dos muros da Cidade velha, Entre 1.882 e 1.914 ocorrem várias grandes imigrações judaicas e em 1.909 surge Telavive – a primeira cidade moderna e completamente judia.
- 1.939 – 1.945 d.C.: Segunda Grande Guerra – Holocausto na Europa – o número exato de judeus exterminados nesse período é incerto, mas o número é estimado entre seis e nove milhões;

- 1.948 – Dias atuais: É fundado o Estado de Israel, tendo como capital administrativa a cidade de Telaviv. Apesar dos conflitos que cercam a região, O Estado de Israel tem prosperado se destacando como nação influente e politicamente relevante no contexto mundial.

A questão da "crença" no judaísmo é complexa. Embora o islamismo e o cristianismo tenham credos – breves declarações das principais crenças religiosas que são obrigatórias para todos os adeptos – os textos judaicos dos períodos rabínico bíblico e clássico não desenvolvem declarações de credo semelhantes. Isso não quer dizer que esses textos não reflitam sobre questões de crença. Eles certamente fazem. A Bíblia está repleta de uma crença em Deus – uma confiança ou segurança em Deus e em Sua lealdade para com Seu povo. O que a Bíblia não contém são declarações proposicionais ou de credo sobre Deus ou sua essência. Similarmente, embora os textos rabínicos façam certas afirmações da verdade sobre Deus, nenhuma dessas afirmações é marcada para um status especial como declarações de credo. Para os rabinos da antiguidade, a observância judaica centrava-se no estudo e na observância da Torá (a lei de Moisés). A disciplina comunal foi instituída por infrações de comportamento, mas raramente por infrações de crença. A Bíblia e a literatura rabínica exigem fé em Deus em oposição à crença de que Deus é ou age de uma certa maneira.

Isso começou a mudar na Idade Média, quando os judeus viviam em terras muçulmanas. Os pensadores muçulmanos definiram a crença em termos proposicionais – a crença de que certas coisas são verdadeiras em oposição a uma crença mais geral em Deus. Os pensadores judeus, a fim de defender sua fé, começaram a pensar no judaísmo em termos semelhantes. Enquanto várias autoridades, começando com Saadia Gaon no século 10, devotaram suas energias para delinear as crenças centrais do Judaísmo, foi o Rabino Moshe ben Maimon, comumente conhecido como Maimonides, que elevou essas crenças ao nível de declarações de credo.

Maimônides desenvolveu uma lista de trezes crenças que deviam ser comuns todos os judeus. Ele apresentou essa lista pela primeira vez em seu comentário sobre a Mishná (um registro das tradições orais e orientações sobre a Torá) em 1.168. Esta lista de crenças centrais pode ser resumida da seguinte forma:

1. Deus existe;
2. Deus é uma unidade absoluta e incomparável;
3. Deus é incorpóreo - Ele não tem corpo;
4. Deus existia antes do mundo;
5. Deus é o único objeto adequado de adoração;

6. A profecia ocorre;
7. A profecia de Moisés é superior à de todos os outros profetas
1. que vieram no passado ou virão no futuro;
8. A Torá que possuímos foi revelada do céu;
9. A Torá nunca será revogada ou alterada;
10. Deus conhece as ações dos seres humanos;
11. Deus recompensa os justos e pune os ímpios;
12. Um Messias virá no futuro;
13. Os mortos serão ressuscitados.

Maimônides pretendia que sua lista de crenças básicas fosse aceita por todos os judeus. Embora seja certamente verdade que todos os futuros teólogos judeus estavam em diálogo com seus princípios, eles não foram unanimes como Maimônides esperava.

Mesmo assim, os princípios de fé de Maimônides também desempenham um papel complexo no mundo judaico de hoje. Alguns judeus ortodoxos acreditam que discordar desses princípios resulta em heresia, enquanto outros judeus da mesma comunidade os veem mais como um resumo das principais crenças do judaísmo. Alguns adeptos de correntes mais liberais do judaísmo rejeitam alguns desses princípios completamente. Por exemplo, alguns preferem falar da eternidade da alma em vez da ressurreição dos mortos. Além disso, alguns judeus rejeitaram a crença em uma figura messiânica e a substituíram pela crença na chegada de uma era messiânica de paz. No entanto, os judeus de hoje se relacionam com o conteúdo desses princípios, o que está claro é o impacto que essa mudança para uma consideração de proposições continua a ter.

Diferentemente da bíblia católica ou da protestante que é dividida em quatro partes a Bíblia Hebraica é dividida em três partes: Torá, Neviim (hebraico para "profetas") e Ketuvim (hebraico para "escritos"). Essa divisão dá origem ao acrônimo Tanak (às vezes soletrado Tanakh, ou Tanach), que pode ser considerado a palavra hebraica para o termo "Bíblia Hebraica".

No mundo moderno, muitos de nós estamos acostumados a pensar na Bíblia Hebraica como um único livro, assim como pensamos a bíblia cristã. Isso é compreensível, já que a maioria de nós o vê como um único volume entre duas capas. Um antigo leitor da Bíblia Hebraica, entretanto, não o teria conhecido como um único livro, mas sim como uma coleção de rolos. Além disso, o termo grego "ta Biblia", do qual obtemos nossa "bíblia", é mais bem traduzido como livros (no plural).

Tudo isso para dizer que, a Bíblia Hebraica é uma antologia de livros. Esses livros foram escritos por pessoas diferentes, em circunstâncias diferentes, durante um longo período (entre aproximadamente o oitavo século antes de Cristo e o segundo século depois de Cristo).

Existem quatro gêneros principais de livros encontrados na Bíblia Hebraica:

- História, incluindo narrativa e leis;
- Profecia;
- Sabedoria (conselhos sobre como viver uma vida boa; ou livros que refletem sobre os caminhos do mundo);
- Hinos (o livro dos Salmos);

Além disso, os livros da Bíblia Hebraica derivam de diferentes grupos / classes:

1. Sacerdotes (que ensinam os requisitos da Torá). O lar institucional dos sacerdotes era o Templo, e eles administravam o culto sacrificial;
2. Profetas (que falavam a palavra do Senhor). A maioria dos profetas da Bíblia Hebraica não eram figuras institucionais. Eles eram figuras de advertência e críticos sociais;
3. Escribas (ou sábios) que dão conselhos sábios à classe alta.

O arranjo tripartite das Bíblias judaicas (Torá, Profetas e Escritos) reflete os diferentes grupos de autores que encontramos nesta antologia. Os livros da Bíblia Hebraica foram compostos em hebraico (com um pouco de aramaico - um dialeto semelhante ao hebraico). Livros compostos em grego, por exemplo, não são encontrados na Bíblia Hebraica. Vale dizer também que a Bíblia Hebraica faz afirmações de verdades teológicas que se repetem por todos os livros. As reivindicações proeminentes incluem o seguinte:

· ***Deus é um Deus universal que criou o mundo e estabeleceu uma ordem moral universal***: este é talvez o tema básico de toda a Bíblia Hebraica. A Bíblia regularmente apela à criação do mundo como o ato legitimador da autoridade divina. Parte dessa criação é a criação de uma ordem moral. Os seres humanos têm a responsabilidade moral de agir de maneira adequada;

· ***Não existe outro Deus***: Curiosamente, a Bíblia Hebraica não tem uma palavra para o nosso conceito moderno de "idolatria", mas frequentemente proíbe dois fenômenos inter-relacionados. O primeira é a adoração de imagens (até mesmo uma imagem do único Deus verdadeiro), e o segundo é a adoração de muitos deuses (politeísmo) além de, ou em vez do único Deus verdadeiro. A "grande narrativa" da Bíblia Hebraica pode ser vista como uma progressão da adoração de um Deus ao ato pecaminoso de adorar muitos deuses (que resulta em punição), de volta à adoração de um Deus quando os israelitas finalmente se arrependem;

- ***Deus é o Deus da História***: Deus é o responsável pelos acontecimentos humanos e tem uma participação na forma como os humanos se comportam. Se eles se comportarem de maneira adequada, Deus os recompensará. Se eles se comportam mal, Deus os pune. Deus também intervém na história. De todos os Atos de Deus históricos, o que ocupa mais espaço é o Êxodo do Egito. Deus resgata os israelitas da escravidão e os redime por uma demonstração de poder. Este ato de intervenção divina na história humana é recorrido várias vezes ao longo das Escrituras como uma forma de mostrar que Deus pode fazer qualquer coisa. Nós (os leitores) podemos confiar que Deus finalmente recompensará os justos e punirá os ímpios, porque Deus fez isso no passado e fará novamente;

- ***Deus mantém um relacionamento especial com Israel por meio de uma aliança e de uma lei revelada***: a relação de Deus com o povo eleito foi estabelecida mediante uma aliança, um acordo entre Deus e Israel. Esse pacto, suas regras, bençãos e maldições é completamente descrito ao longo da bíblia hebraica.

Além das continuidades temáticas (das quais há mais do que as listadas acima), o que em última análise torna a Bíblia Hebraica uma unidade é que judeus (e cristãos) a trataram como uma só. Ao longo da história, eles atribuíram um status especial a esses livros e os consideraram com autoridade única em suas vidas. Isso os leva a ler os livros da Bíblia Hebraica à luz uns dos outros e a buscar unidade em face da aparente diversidade.

Desde a antiguidade até os dias atuais, quando os judeus liam a Bíblia Hebraica, não estavam lendo um documento uniforme. A Torá, os cinco livros de Moisés, era o principal. Isso não quer dizer que os profetas e os Escritos não sejam considerados escrituras sagradas. Certamente são. Na verdade, trechos de ambas as seções são lidos regularmente na sinagoga e os judeus ao longo da história buscaram esses textos para orientação. Mas, como Shaye Cohen escreve sobre os judeus da antiguidade:

> A Torá é claramente a mais alta obra... Foi escrita por Moisés, o servo de Deus e o maior dos profetas ... Os rabinos dos séculos terceiro e quarto afirmam que a lei pode ser derivada apenas da Torá, não dos profetas ou escritos, embora os rabinos certamente acreditassem

que todas as três partes da Bíblia foram inspiradas.

Além disso, é importante notar que os judeus usaram a palavra "torá" para se referir a muito mais do que os primeiros cinco livros da Bíblia Hebraica. A palavra pode ser traduzida também como "instrução". Portanto, pode ser usado para se referir à lei, mas também a uma orientação mais geral que selecionada da Bíblia Hebraica. Além disso, os rabinos da antiguidade desenvolveram uma teoria da "torá oral", instruções não escritas que Deus transmitiu a Moisés no Monte Sinai. Assim, algo não precisa estar escrito na Bíblia Hebraica para ser considerado "torá".

O conceito de "Torá Oral" é uma inovação rabínica. Alguns judeus do período do Segundo Templo (500 a.C. a 70 d.C.) reverenciavam o que chamavam de "tradição dos anciãos". Esse corpo de conhecimento consistia em costumes, crenças e práticas que, embora fossem de extrema importância, em última análise não estavam ligados às escrituras. Não houve nenhuma alegação de que eles derivaram da revelação de Deus a Moisés no Monte Sinai. Eles possuíam uma origem e validade independentes.

Finalmente, uma vez que "torá" pode se referir tanto à lei escrita quanto à tradição e costume não-escritos, a palavra às vezes é usada (por metonímia) como um sinônimo para o judaísmo como um todo. Na verdade, a palavra "judaísmo" não aparece em hebraico até a idade média. Quando os rabinos da antiguidade se referem à coleção de crenças e práticas que constituem a religião judaica, eles simplesmente usavam a palavra "Torá".

É curioso saber que os intérpretes antigos não liam a Bíblia Hebraica como leríamos um livro hoje. Para ilustrar esse fato crucial, compararemos as suposições interpretativas dos modernos estudiosos da Bíblia (estudiosos que estudam a Bíblia Hebraica como um artefato histórico) com as dos judeus (e cristãos) da antiguidade.

Os estudos bíblicos modernos pressupõem que:

1. A Bíblia Hebraica é uma coleção de livros como qualquer outra. Foi criado e montado por seres humanos normais;
2. A Bíblia Hebraica é frequentemente inconsistente porque deriva de fontes (escritas e orais) que nem sempre concordam. Livros individuais têm várias camadas e crescem com o tempo;
3. A Bíblia Hebraica é um documento de seu tempo e é melhor interpretada em seu contexto histórico original;
4. A Bíblia Hebraica é uma coleção de textos com orientação ideológica. Não é "objetivo" ou neutro sobre nenhum dos tópicos que trata. Seus livros históricos não são "históricos" em nosso sentido.

Por outro lado, os intérpretes judeus (e cristãos) antigos, e seus continuadores medievais e modernos, têm um conjunto oposto de suposições segundo as quais a Bíblia Hebraica é:

1. Fato e moralmente verdadeiro;
2. Qualitativamente diferente de todos os livros "regulares" por ser revelado (ou inspirado) por Deus. Como tal, cada detalhe do texto bíblico é significativo. Além disso, o texto é enigmático e tem muitas camadas de significado. A interpretação é necessária;
3. Harmonioso e perfeito. As inconsistências são apenas aparentes;
4. Eternamente verdadeiro. Está falando para e sobre nós. Seu significado não é limitado por nenhum contexto histórico e nem historicamente condicionado. Consequentemente, os judeus poderiam encontrar orientação nas palavras da Bíblia Hebraica centenas, e até milhares de anos depois de terem sido escritas.

É inegável que o judaísmo ocupa importante papel na história do cristianismo e na história como um todo. É a religião monoteísta mais antiga ainda praticada – atualmente, um pouco mais de seis milhões de judeus vivem em Israel e no resto do mundo esse número é de cerca de sete milhões – o judaísmo conta hoje com aproximadamente treze milhões de adeptos.

Mesmo contando com um número de seguidores inferior ao que tinham antes da segunda grande guerra (antes do Holocausto, o judaísmo tinha mais de treze milhões de seguidores), o judaísmo continua oferecendo um legado cultural forte. Sua compreensão nos permite enxergar melhor o cristianismo e as demais religiões monoteístas.

Como evangelizar um judeu:

Evangelizar um judeu pode ser uma questão delicada, pois o judaísmo é uma fé antiga com suas próprias tradições e crenças. É importante abordar essa situação com respeito e sensibilidade, reconhecendo a diversidade de crenças e valores religiosos. Aqui estão algumas diretrizes gerais a serem consideradas:

Respeite as diferenças: Reconheça que o judaísmo tem uma história rica e tradições profundamente enraizadas. Respeite as crenças e práticas judaicas, evitando qualquer abordagem que possa parecer desrespeitosa ou condescendente.

Compreenda a perspectiva judaica: Antes de iniciar qualquer conversa sobre fé, é útil ter um entendimento básico das crenças judaicas. Isso ajudará a evitar mal-entendidos e a promover um diálogo mais significativo.

Envolva-se em diálogo: Procure entender as perspectivas e crenças do outro. Abra um diálogo respeitoso sobre fé, compartilhando suas próprias experiências e ouvindo atentamente as experiências do outro.

Destaque pontos comuns: Em vez de focar nas diferenças, comece destacando os pontos comuns entre as religiões, como valores éticos compartilhados e princípios morais. Isso pode ajudar a criar um terreno comum para a compreensão mútua.

Ofereça amizade e apoio: Seja um amigo genuíno e apoie a pessoa em sua jornada espiritual, independentemente de suas crenças religiosas. O testemunho pessoal, o respeito e a amizade podem ser mais eficazes do que tentativas diretas e iniciais de conversão.

Lembre-se de que devemos pregar "a tempo e fora de tempo" (2 Timóteo 4.2-4), mas a liberdade religiosa é um direito fundamental, e as pessoas têm o direito de praticar sua fé sem pressão externa. Se alguém expressar desinteresse ou desconforto em discutir questões religiosas, respeite esses limites. O diálogo respeitoso e a compreensão mútua são fundamentais ao abordar questões de fé com sensibilidade.

CAPÍTULO 3

Zoroastrismo

Apesar de pouco conhecido e divulgado o Zoroastrismo é uma antiga religião pré-islâmica que teve sua origem no Irã e que sobrevive lá em áreas isoladas e, de forma mais próspera, na Índia, onde os descendentes de imigrantes zoroastristas iranianos (persas) são conhecidos como "parsis".

O profeta iraniano e reformador religioso Zaratustra (nascido por volta do século VI a.C.), mais conhecido fora do Irã como Zoroastro (a forma grega de seu nome) – é tradicionalmente considerado o fundador da religião. O zoroastrismo contém características monoteístas e dualistas (luta do bem contra o mal). Historiadores costumam atribuir grande valor ao zoroastrismo ao processo de formação do cristianismo e do islamismo. Sabemos que sua origem é anterior a essas religiões, no entanto, é quase impossível estabelecer com precisão a época em que passou a ser praticada.

Poucos fatos são conhecidos sobre a vida de Zaratustra, e a maioria deles vêm dos escritos sagrados do zoroastrismo, principalmente dos escritos chamados de "Gathas". Os gathas são compostos de dezessete hinos que enunciam os princípios do zoroastrismo e fazem parte de um texto sagrado maior, intitulado "Avesta". Os gathas mencionam Zaratustra (ou Zoroastro) quinze vezes. Ele é descrito como "aquele que domina a língua sagrada", "o conhecedor", "o intérprete da vontade divina em sua comunidade", "o guia para oferecer sacrifícios aos deuses".

Ao que tudo indica, o fundador do Zoroastrismo era anteriormente um sacerdote da religião politeísta praticada na Pérsia. Ele, portanto, tinha excelente conhecimento tradição sagrada quando começou a atuar. Pertencia, por nacionalismo, ao clã Spitama. Seus pais, segundo o Avesta, foram chamados Ponrusaspa, o pai, e Dughdhoua, a mãe. Ele era casado e teve um filho e uma filha. Em vida teve discípulos e os dois mais famosos foram Vistaspa e Frasaostra. O primeiro foi um rei que protegeu Zaratustra.

Aos trinta anos, enquanto participava num ritual de purificação num rio, Zaratustra viu um ser de luz que se apresentou como sendo Vohu Manah ("Bom Pensamento") e que o conduziu até à presença de Ahura- Mazda (Deus) e de outros cinco seres luminosos, os Amesa Espentas, sendo este o primeiro de uma série de encontros com Ahura-Mazda, que lhe revelou a sua mensagem.

Após essa experiência, Zaratustra se tornou um ferrenho inimigo da religião persa tradicional, o que o levou, após doze anos de pregação, a fugir de sua tribo e se refugiar no tribunal do rei-sacerdote Vistaspa.

Inicialmente alguns reis-sacerdotes se opuseram à pregação de Zaratustra. Os pesquisadores que se debruçam sobre o estudo dessa religião concordam que a oposição crescente ao zoroastrismo não era apenas por motivos religiosos, mas também por questões econômicas e sociais. A base econômica dessas populações era a criação de gado, que foi submetida a uma exploração por parte dos reis-sacerdotes persas.

Zaratustra se opunha fortemente à exploração desenvolvida contra os criadores de gado, o que gerou perseguição e animosidade. Apesar disso, ele possuía um pequeno grupo de amigos e seguidores a quem ele pregava sua mensagem. Eles receberam diferentes nomes: amigos, confederados ou seguidores. Esses termos e a leitura do avesta, indicam o tipo de vida que o grupo levava. Eles eram pessoas dedicadas a praticar a pobreza, e viviam mendigando. Costumavam usar sempre a mesma roupa e cobriam as cabeças com um chapéu alto. Os avestas mencionam ainda que eles costumavam carregar uma maça, uma pequena arma que se assemelha a um porrete.

Como dissemos, o zoroastrismo acredita na dualidade da existência que se equilibra entre o bem e o mal: Ahura Mazda é a deidade suprema, criador de todas as coisas boas, enquanto Ahriman é o princípio destrutivo que rege a ganância, a fúria e as trevas; no final a bondade irá triunfar e os mortos ressuscitarão.

Os antigos gregos admiravam o zoroastrismo e se basearam nele para a construção da noção dualista do mundo e do destino humano. Supõe-se que o próprio Zaratustra instruiu Pitágoras na Babilônia e inspirou as doutrinas babilônicas de astrologia e magia. Essa afirmação, apesar de ser uma especulação constante é pouco sustentável já que a astrologia era estudada e praticada na Babilônia há mais de mil anos antes de Cristo.

Embora o zoroastrismo nunca tenha sido, mesmo no pensamento de seu fundador, tão insistentemente monoteísta como, por exemplo o judaísmo ou o islamismo, ele representa uma tentativa original de unificação das religiões politeístas antigas dos povos primitivos em prol de um único grande deus. Outra característica marcante do zoroastrismo é o dualismo, mas ela nunca foi entendida de maneira absoluta e rigorosa.

Para essa religião, o bem e o mal lutam uma batalha desigual, na qual o primeiro tem a garantia de triunfo, a onipotência de deus é limitada apenas temporariamente. Nesta luta todos os seres humanos devem se alistar por causa de sua capacidade de escolha. Fazem isso com alma e corpo, não contra o corpo, pois a oposição entre o bem e o mal não é a mesma que a oposição entre o espírito e a matéria.

Ao contrário do cristão ou do maniqueísta (religião helenística e dualista fundada pelo profeta iraniano Mani), práticas como jejum e celibato são proibidos, exceto quando fazem parte do ritual de purificação. A luta humana tem um aspecto negativo, no entanto, na medida em que deve buscar a pureza e evitar a contaminação pelas forças da morte, o contato com a matéria morta, etc. Assim, a ética zoroastrista, embora em si mesma elevada e racional, tem um aspecto ritual que permeia tudo. No geral, o zoroastrismo é otimista e assim permanece mesmo durante as dificuldades e opressão de seus crentes. Apesar das oposições iniciais que a religião de Zaratustra enfrentava, sua religião ganhou força e se tornou a religião oficial de todo o estado persa, no final do século VI a.C., sendo subjugada novamente apenas pela força, após o século VII d.C. Segundo a tradição, Zaratustra morreu aos setenta e sete anos, enquanto rezava ao seu deus ahura mazda.

Você deve ter percebido que o Zoroastrismo apresenta uma série de coincidências curiosas com o cristianismo. Alguns historiadores afirmam que parte do ensino e da tradição cristã foi absorvido dessa religião. No entanto, é difícil afirmar de maneira precisa quantas narrativas podem ser consideradas uma coincidência de fato já que a narrativa cronológica do zoroastrismo é profundamente incerta. Ainda sobre essas coincidências, não podemos nos esquecer que o cristianismo, foi largamente anunciado no antigo testamento na pessoa do Messias, assim como vários eventos da vida de Jesus foram anunciados pelos profetas.

Cristianismo

A cruz é considerada o símbolo universal do cristianismo: todas as linhas confessionais reconhecem com maior ou menor força a importância da cruz como símbolo cristão.

A história do Cristianismo é inegavelmente uma das partes mais importantes da história. A religiosidade cristã afeta a sociedade contemporânea como nenhuma outra religião afetou o mundo – sua influência alcança os mais variados campos, como literatura, arte, filosofia, economia entre outros. Países, predominantemente cristãos ou não, carregam em sua cultura muito do pensamento cristão, sejam seus governos laicos (aqueles que adotam uma posição neutra frente a religião) ou possuidores de qualquer aspecto confessional (ou seja, aqueles que defendem uma fé ou ideologia religiosa).

Ao redor do mundo o cristianismo assume muitas formas e composições; você encontrará igrejas independentes, igrejas locais, igrejas multifronteiriças como a igreja católica, e todas elas apresentam características que variam em função da cultura local e nesse contexto, é comum que muitas pessoas se familiarizem com o cristianismo que é expresso em uma ou mais igrejas ou movimentos institucionais, seja o encontrado na igreja católica romana, igrejas ortodoxas, ou o praticado em denominações protestantes. Mas, será que existem pontos doutrinários que podem ser considerados comum entre todas essas igrejas?

Ao iniciar o estudo de uma igreja cristã, você notará características que a definem e até justificam seu nome, no entanto, todos os movimentos cristãos possuem princípios básicos e universais comuns. Suas diferenças residem na forma em que suas crenças são praticadas. Para esclarecer essa questão podemos citar como exemplo o batismo: para católicos e presbiterianos o batismo pode ser feito por aspersão, enquanto para os batistas apenas o batismo por imersão é considerado válido.

Para os cristãos, a centralidade da fé, o motivo de existir de sua religião, é o próprio Jesus Cristo. De todas as pessoas conhecidas, vivas ou mortas, Jesus é sem dúvidas o mais notório de todos – a humanidade por muito tempo contou sua história utilizando os termos Antes e Depois de Cristo. Ainda que não seja tão popular, historiadores atualidade passaram a utilizar as siglas AEC (Antes da Era Comum e EC (Era Comum) para minimizar o viés religioso por trás do calendário. Mesmo assim, o ponto zero de nosso calendário sempre será o nascimento de Cristo – seu nascimento foi e ainda é considerado um acontecimento importante. Ao ser criada a cronologia atualmente adotada no mundo, escolheu-se o ano presumido desse nascimento como o primeiro, mesmo que existam controvérsias quanto à data exata em que Jesus nasceu.

Ainda hoje, vários aspectos da chegada de Jesus ao mundo, de sua vida e sua morte permanecem envoltos em mistério e divergência. No entanto, ele exerceu profunda influência sobre a história. Sabemos pelos textos bíblicos que Jesus era judeu, em raça, cultura e religião.

Podemos dizer que o cristianismo é extremamente multifacetado, possui diversas vertentes internas. Assim como o judaísmo, é uma fé notadamente múltipla, porém muito mais carregada de ramos doutrinários. Uma das belezas do cristianismo é a variedade que nele existe: mesmo dentro das grandes linhas doutrinárias como o catolicismo ou o protestantismo, encontramos diversas visões; como vimos brevemente, os princípios que norteiam a fé cristã são universais, porém, cada ramo apresenta uma vasta diversidade de pensamentos, visões e ideias. A seguir, listamos os principais fatos históricos relevantes do cristianismo ao longo da História. Perceba que muitos desses eventos se misturam com a História da própria Humanidade, assim como ocorre com o judaísmo. Posto isso, nos limitaremos nessa cronologia a relatar os eventos que são exclusivamente pertinentes ao cristianismo e à história da igreja. Estamos acostumados a associar o ano um da Era Cristã ao nascimento de Cristo, no entanto, estudos modernos afirmam que Jesus teria nascido quase seis anos do início da era Cristã. Apresentaremos, portanto, essa cronologia:

- 4 a.C.: Nascimento de João;
- 3 a.C.: Nascimento de Jesus;
- 22 – 25 d.C.: Ministério de João, o Batista. João, primo de Jesus, inicia seu ministério, anunciando a chegada do "Reino dos Céus". Seu ministério começa a declinar com o batismo de Jesus,

haja vista que sua missão principal era anunciar a vinda do Messias. Após ficar dez meses preso, João é executado pelo rei Herodes;

- 25 – 28 d.C.: Ministério, morte e ressurreição de Jesus. Após seu batismo, Jesus inicia seu ministério público. Atuou predominantemente na região da Galileia;
- 29 d.C.: Inicia a chamada "era apostólica da igreja" – período em que os apóstolos desenvolvem seus ministérios;
- 34 d.C.: Morte de Estevão. É um dos sete diáconos originais da Igreja primitiva e considerado o primeiro mártir da Igreja, Estevão foi apedrejado em local público, fora de Jerusalém;
- 34 d.C.: Conversão de Paulo. Paulo se converte quando tinha vinte e oito anos. Paulo era judeu, um exímio seguidor da lei e considerado até então um dos maiores perseguidores da nova religião;
- 49 – 50 d.C.: Concílio de Jerusalém. Foi a primeira reunião da liderança da igreja cristã. Dessa reunião participaram alguns apóstolos e os anciãos da igreja de Jerusalém para debater se os gentios (não judeus que iam se convertendo ao cristianismo), deviam ou não aderir a algumas práticas das leis mosaicas. O evento está relatado em Atos 15;
- 64 d.C.: Martírio do apóstolo Pedro. Pedro é crucificado na cidade de Roma;
- 67 d.C.: Martírio do apóstolo Paulo. Paulo é decapitado em Roma;
- 98 – 103 d.C.: Morte do apóstolo João, único dos apóstolos que morreu de morte natural. Ano mais provável de sua morte é 103 d.C. Termina a era apostólica e inicia o chamado período dos "Pais Apostólicos", a segunda geração de líderes e sacerdotes. Cristãos;
- Séculos I a III da Era Cristã: Crescimento da igreja e propagação do Evangelho pelo Império Romano. Nesse período a igreja sofreu nove perseguições religiosas que infligiram dor aos cristãos;
- 305 d.C.: Termina a última e pior perseguição aos cristãos. A igreja passa a gozar de relativa paz, mas sem diversos direitos políticos e econômicos;
- 313 d.C.: Nesse ano, os imperadores romanos Constantino (ocidente) e Lícinio (oriente) assinaram o chamado "Edito de Milão", um documento que permitia aos romanos de todas as províncias a liberdade de culto. A partir desse momento a

igreja teve seus direitos políticos e econômicos restaurados, templos e propriedades foram devolvidos à Igreja e os líderes religiosos foram reconhecidos e aceitos na sociedade;

- 392 d.C.: O cristianismo passa a ser a religião oficial do império romano;
- Séculos IV e V: Chamado de "A era dos Concílios", nesse período a igreja gozou de considerável paz e consolidou sua teologia como nunca antes;
- Século VI: Nesse período se desenvolvem largamente os monastérios;
- 1.054 d.C: Miguel Cerulário, líder da igreja cristã no Oriente é excomungado pela igreja de Roma. Ocorre então o chamado "grande cisma do oriente", separação entre as igrejas do ocidente e do oriente;
- 1.095 d.C.: Iniciam as Cruzadas, campanhas militares que buscavam, entre outras coisas, conquistar a "terra prometida" para os cristãos, em especial Jerusalém. Ao todo foram oito cruzadas, ocorridas entre 1.095 e 1.270 d.C.;
- Séculos XIII a XV: Nesse período a igreja é profundamente permeada por diversos escândalos e rupturas. Disputas políticas, guerras e divisões internas (a igreja chegou a ter três papas reinando ao mesmo entre 1.378 e 1.415!) enfraquecem a igreja e vários movimentos de ruptura começam a se desenvolver (movimentos chamados de pré-reformistas);
- 1.517 d.C.: Início da Reforma Protestante. Encabeçada por sacerdotes como Lutero, surge um movimento de repúdio às velhas práticas medievais praticadas pela igreja católica como a cobrança de indulgências. Esse movimento surge na Alemanha e se espalha pela Europa;
- Séculos XVII a XIX: Consolidam-se nesse período as principais protestantes da história como a Igreja Batista, Metodista e Presbiteriana;
- 1.864 d.C.: Surge a Aliança Evangélica Mundial, uma instituição que tem por objetivo unir igrejas evangélicas em prol do evangelismo;
- Século XX: Destacam-se na primeira metade desse século os movimentos pentecostais, como o da rua Azusa, em Los Angeles, EUA; a partir da segunda metade do século destacam-se ainda os movimentos neo-pentecostais e carismáticos que surgem como uma tentativa de renovação das igrejas Protestantes e Católica;

- 1.948 d.C.: É fundado o Conselho Mundial de Igrejas. Diferentemente da Aliança Evangélica Mundial, sua intenção é unir cristãos de todas as igrejas em prol das questões ecumênicas;
- 1.964 d.C.: Igreja Católica e Ortodoxa suspendem a excomunhão mútua existente desde 1.054 d.C.

Perceba que essa lista não é exaustiva. Listamos aqui os principais eventos históricos ocorridos que impactam todas as linhas do cristianismo. A seguir, veja os principais pontos doutrinários comuns a todos os ramos cristãos. Compreender esses pontos é fundamental. Uma igreja, ou ramificação que não acredita em um dos pontos listados, ou discorda de suas definições, não pode se autointitular cristã. É plausível que as igrejas discordem sobre como entendem o princípio doutrinário ou como o aplicam, mas sem questionar sua essência:

- Existe apenas um único Deus, criador de tudo e todos; Eterno, sem começo e nem fim;
- Cristo é o centro da Fé; Ele é o filho de Deus, encarnado homem para redimir a Humanidade de seus pecados. Jesus, é Deus e ocupa a mesma importância do Deus criador;
- A única forma de se obter a Salvação é por meio da morte de Cristo na cruz;
- Jesus ressuscitou dentre os mortos e subiu aos céus em corpo físico, de onde voltará para buscar seu povo e julgar vivos e mortos;
- Ao subir, Jesus deixou o Espírito Santo para consolar os seus discípulos. Sua presença permanece na Terra até que Cristo volte;
- O Deus Criador, também chamado de Deus Pai, juntamente com Jesus e o Espírito Santo formam a Trindade; os três são um único Deus, indivisível, mas revelado de três formas diferentes;
- A Igreja é uma instituição estabelecida pelo próprio Jesus;
- A grande comissão (registrada em Mateus 28.16- 20) é uma tarefa de todo cristão. Nela se manifestam:
  - ✓ A divulgação do evangelho;
  - ✓ O batismo;
  - ✓ O ensino doutrinário da Palavra de Deus;
- A Bíblia é o único livro válido para a fé.

Como dissemos, as igrejas e tradições cristãs costumam interpretar esses tópicos de maneira distinta, contudo acreditam e preservam esses valores. Esses princípios que listamos acima foram originalmente traçados pelos próprios apóstolos ainda no século I da igreja. Estão descritos naquilo que a igreja convencionou chamar de "credo apostólico".

Inegavelmente o cristianismo é a instituição mais importante da história. Nas palavras de Blainey, historiador australiano, "Muito do que nos parece admirável hoje resulta inteiramente ou em parte do cristianismo e de seus seguidores". De fato, aquilo que faz parte de nossa cultura, de nossa vida contemporânea é fruto de mais de vinte séculos de tradição. Hoje, no mundo todo, os cristãos representam mais de dois bilhões de pessoas e são a maior religião desde o século XIII.

CAPÍTULO 5

Islamismo

Pátio interior da mesquita de Meca, onde fica a Caaba. Considerado um dos centros islâmicos mais importantes do mundo, é visitado por milhões de muçulmanos anualmente.

Pátio interior da mesquita de Meca, onde fica a Caaba. Considerado um dos centros islâmicos mais importantes do mundo, é visitado por milhões de muçulmanos anualmente.

Como o cristianismo e o judaísmo, o Islã surgiu no Oriente Médio, mas agora é verdadeiramente uma religião mundial. Existem quase dois bilhões de muçulmanos em todo o mundo: da Bósnia a Zanzibar e dos Estados Unidos à China. Dada a sua longa história e sua rica diversidade geográfica e cultural, qualquer retrato do Islã seria necessariamente incompleto.

A diversidade do Islã é um testemunho de sua força: sua mensagem se mostrou viável e adaptável através dos limites do tempo e da cultura. Fundamental para a crença islâmica é o conceito de um Deus que, ao longo da história, enviou muitos profetas e mensageiros a povos de todas as culturas e nações, para que possam guiá-los a viver de acordo com a vontade de Deus. De acordo com a maioria dos muçulmanos, o profeta e mensageiro final de Deus era Maomé, e a revelação final de Deus era o Alcorão, considerado a palavra literal de Deus.

Desde a época do Profeta Maomé, as comunidades de muçulmanos fiéis têm respondido à palavra de Deus, interpretando os ensinamentos do Islã a cada novo século e em muitos contextos culturais. O Alcorão, o livro sagrado do Islã, começa com um pequeno capítulo chamado "A Abertura":

"Em Nome de Deus, O Misericordioso,

> o Compassivo. O louvor pertence a Deus, Senhor dos Mundos, O Misericordioso, o Compassivo, o Mestre do Dia do Julgamento. É você que adoramos; e a você, pedimos ajuda".

Os muçulmanos recitam esse texto como parte de suas orações todos os dias. Segundo um ditado atribuído ao Profeta Maomé, esta surata contém a essência dos ensinamentos do Alcorão. A palavra para Deus em árabe é 'Allah', que é a mesma palavra usada pelos cristãos que falam árabe para se referir a Deus.

Os muçulmanos entendem que Deus é o Criador e Governante de todo o universo, o Juiz supremo de todos os seres humanos, e se caracteriza principalmente pelas qualidades de compaixão e misericórdia. Deus também guia a humanidade para o caminho da justiça através de mensageiros e profetas.

Segundo o Alcorão, "Existe um Mensageiro para toda comunidade" (Alcorão, 10:47), e a lenda diz que houve 124.000 profetas enviados à humanidade. Alguns deles receberam revelação na forma de uma escritura: a Davi foram revelados os Salmos; para Moisés a Torá, Jesus recebeu o Evangelho, e Maomé recebeu o Alcorão.

Por esse motivo, os muçulmanos se referem a cristãos e judeus como 'Pessoas do Livro', pois receberam uma mensagem que era basicamente a mesma que a do Alcorão. Em certos contextos geográficos e culturais, alguns muçulmanos também incluíram zoroastrianos e hindus nessa categoria, pois consideram que também receberam revelação na forma de escrituras.

A palavra Alcorão significa literalmente "recitação". Os muçulmanos acreditam que as palavras do Alcorão foram originalmente reveladas pelo anjo Gabriel a Maomé em árabe, e ele as recitou para seus seguidores. Nesse sentido, o Alcorão originalmente funcionava como uma escritura auditiva / oral que deveria ser recitada, ouvida e experimentada.

A recitação do Alcorão é uma ciência, uma arte e uma forma de devoção, governada por regras de pronúncia, entonação e abordagem. Competições e performances de recitação do Alcorão são realizadas em todo o mundo. Muitos muçulmanos consideram a estética da recitação um meio poderoso que os ajuda a transcender o material e contemplar o espiritual.

Alguns anos após a morte do Profeta Maomé, os versos do Alcorão foram compilados em um texto escrito, organizado em 114 suras, geralmente em ordem decrescente de comprimento, com cada sura representando um capítulo ou divisão do Livro. Os leitores podem encontrar uma variedade de temas nesses capítulos: orações e louvor a Deus, uma recontagem dos sinais de Deus na criação, histórias dos mensageiros diante de Maomé, passagens sobre o dia do julgamento, questões legais e representações de comportamento justo, como cuidando dos pais, dos pobres, dos doentes, dos necessitados e dos órfãos.

Os ensinamentos do Alcorão são considerados o núcleo da tradição islâmica e, portanto, o texto tem sido objeto de muitos comentários volumosos de estudiosos religiosos. Embora seja possível traduzir o texto em árabe do Alcorão para outros idiomas, os muçulmanos geralmente consideram as traduções como interpretações e não o próprio Alcorão. Para os muçulmanos em todo o mundo, o Profeta Maomé é um mensageiro de Deus e um paradigma da vida de fé. Como resultado, ele e sua família são profundamente amados e respeitados. Nascido na cidade de Meca, na Península Arábica, em 570 d.C., ele foi criado órfão na casa de seu tio. Ele se casou com uma mulher mais velha, a viúva Khadijah, uma empresária para quem ele trabalhara no comércio de caravanas. Como comerciante, ele era conhecido como 'al-Amīn', o confiável.

Os muçulmanos acreditam que, quando Mohamed tinha quarenta anos, ele foi selecionado por Deus para receber revelações que finalmente estabeleceram a fé muçulmana. Maomé se retirava todos os anos para a caverna de 'irā' em uma montanha fora de Meca por períodos de reflexão tranquila. Os muçulmanos acreditam que uma noite durante o mês lunar do Ramadã, enquanto Maomé estava na caverna, ele ficou impressionado com a presença do anjo Gabriel.

Gabriel ordenou a ele: "Recite!" E duas vezes Maomé, a quem o anjo abraçou e apertou até que ele não aguentou mais, disse: "Eu não posso recitar." Na terceira vez, o anjo declarou: "Recite! Em nome de seu Senhor que criou: Ele criou o homem a partir de uma forma apegada. Recitar! E seu Senhor é o Mais Abundante, que ensinou pela caneta, que ensinou ao homem o que ele não sabia" (Alcorão, 96: 1-5).

Os muçulmanos acreditam que Maomé recitou isso, sentindo desde aquele momento "como se as palavras tivessem sido escritas em meu coração". Ele desceu a montanha correndo, mas ouviu uma voz do céu:

> "Maomé, você é o Mensageiro de Deus e eu sou Gabriel". Olhando para cima, Maomé viu uma forma angelical montada no horizonte, repetindo a mensagem.

Os muçulmanos acreditam que, por cerca de 20 anos, Maomé continuou a receber revelações, que ele recitou pela primeira vez para sua esposa e seguidores quando um pequeno grupo de crentes começou a crescer em Meca. A mensagem que ele recebeu foi um aviso de julgamento divino e um convite para retornar ao monoteísmo dos profetas anteriores, incluindo Abraão, Moisés e Jesus. Essas revelações desafiaram os fundamentos da sociedade de Meca do século VII.

Embora Meca fosse o centro de peregrinação da religião árabe politeísta, a região abrigava cristãos e grandes comunidades de judeus. No centro de Meca, estava a Kaaba, uma estrutura em forma de cubo que se acreditava ter sido construída por Adão e reconstruída por Abraão como a casa do Deus único, mas que havia sido transformada em uma casa de inúmeros ídolos. Nesse mundo politeísta, Maomé falou da unidade de Deus. Onde laços tribais e rixas de sangue permeiam a estrutura social, o Profeta falou de uma comunidade universal. A revelação que o Profeta Maomé recebeu exigiu justiça social e reforma: além de exortações à oração e à lembrança de Deus, os crentes são lembrados da necessidade de cuidar dos pobres e fracos.

Em 622 d. C., o Profeta e seus seguidores emigraram para o norte de Meca para a cidade de Yathrib. Este evento, conhecido como hégira, marca o estabelecimento da comunidade islâmica e, portanto, o início do calendário muçulmano. O profeta se tornou o líder da cidade, estabelecendo ordem e unidade em uma cidade que sofria turbulências políticas. O nome de Yathrib mais tarde foi alterado para Medina, abreviação de Madīnat an-Nabī, "a cidade do profeta", os crentes são lembrados da necessidade de cuidar dos pobres e fracos.

Os muçulmanos acreditam que Maomé continuou a receber revelações de Deus em Medina, e a mensagem se espalhou. Em 630d. C., depois de uma série de batalhas militares e negociações com inimigos em Meca, Maomé retornou vitorioso à cidade, perdoando aqueles que haviam oprimido os primeiros muçulmanos e que haviam travado guerra contra eles. Muitos mecanos adotaram seus ensinamentos e ele dedicou novamente a Caaba à adoração ao Deus único. Na época da morte do Profeta em 632d. C., grande parte da Península Arábica havia adotado sua mensagem.

Após a morte de Maomé, sua comunidade preservou a memória do que ele fez e disse como o melhor exemplo de como viver de acordo com a vontade de Deus. Os registros das palavras do profeta foram coletados posteriormente em livros de tradição, ou hádice (leis) e fazem parte da suna (caminho) do profeta, que inclui suas palavras e prática. A suna serve como um guia para os muçulmanos seguirem a vontade de Deus na vida cotidiana.

A maioria dos muçulmanos tem o cuidado de insistir, no entanto, que "Maomé é apenas um mensageiro" (Alcorão, 3: 144), e não um ser divino. Quando os muçulmanos se referem ao profeta Maomé, para mostrar reverência, seu nome é frequentemente seguido em árabe ou inglês pela saudação: "Paz e bênçãos de Deus estejam com ele." Eles recitam saudações semelhantes aos nomes de outros profetas, incluindo Moisés e Jesus. Os muçulmanos se envolvem em uma variedade de práticas devocionais para aumentar sua consciência de Deus e disciplinar suas atitudes em relação aos outros.

Os muçulmanos sunitas identificaram o que chamam de "cinco pilares do

Islã" como foco de suas práticas rituais, com algumas variações na forma como são prescritos nas escolas jurídicas islâmicas. Eles são baseados no Alcorão e na suna e receberam suas interpretações definitivas pelo 'ulamā' nos três primeiros séculos do Islã. Os cinco pilares são:

- **shahādah** (o testemunho da unidade de Deus e a missão profética de Maomé);
- **salāt** (oração canônica);
- **zakat** (esmola);
- **sawm** (o jejum do Ramadã); e
- **hajj** (peregrinação a Meca).

Embora categorizadas de maneiras diferentes, a maioria dos xiitas aceita esses mesmos pilares, e muitos acrescentam que a aceitação da autoridade e santidade (wilāyah) dos imãs também é um pilar.

As orações canônicas podem ser realizadas individualmente ou em congregação na mesquita ou literalmente em qualquer outro lugar. As orações de sexta-feira são uma reunião semanal em que os muçulmanos ouvem um sermão e oram juntos. Nos lares e na mesquita, é comum ver muçulmanos recitando o Alcorão ou usando contas de oração para a invocação de litanias sagradas ou louvores particulares a Deus ou ao Profeta.

No entanto, mesquitas não são os únicos lugares que os muçulmanos se reúnem para adorar, pois diversas comunidades têm locais de encontro adequados às suas necessidades específicas, incluindo lojas sufi (zāwiyah, tekke ou khānaqāh) e santuários (maqām, dargāh, mazār), casas de congregação ismaelitas (jamā'at-khanah) e Twelver xiitas husayniyyahs e imāmbaras, que complementam ou às vezes substituem as atividades da mesquita.

É claro que a adoração não se limita a nenhum espaço ou tempo específico, e súplicas pessoais (du'ā) são feitas ao longo do dia em relação a tópicos mundanos e espirituais, e há uma ampla gama de súplicas formalizadas transmitidas pelo Profeta, o Imãs ou outras figuras sagradas. Muitos praticam a invocação de uma fórmula sagrada, geralmente um Nome de Deus, verso do Alcorão ou a testemunha de que "não existe deus, senão Deus". Essa prática invocatória, chamada dhikr, é o rito místico central dos sufis, que, sob a orientação do mestre sufi (shaykh), usam essa prática para cultivar a lembrança constante de Deus.

Em algumas ordens sufis, as práticas comunitárias de invocação são acompanhadas por música e formas rituais de dança, conhecidas como samā 'ou hadrah. Embora o dhikr seja o mais popularmente associado ao sufismo, é uma forma comum de culto em muitas comunidades muçulmanas. Ao longo do ano, são realizadas várias festividades, como o id Eid al-Adha, que celebra a disposição do profeta Abraão de sacrificar sua linhagem a serviço de Deus.

Nas comunidades xiitas, alguns dias do ano são dedicados a eventos particulares na vida dos imãs e comemorados por práticas como jejum, atos de caridade e oração; o mais importante deles, como mencionado acima, é Ā ūshūrah, que comemora o martírio do neto do profeta, Husayn, em 680 d. C.

A atenção aos tempos sagrados no calendário islâmico é complementada pela importância do espaço sagrado. Muitos visitam os santuários dos profetas e figuras sagradas, bem como os locais em que algum evento da história sagrada de sua tradição ocorreu, buscando uma resposta à oração ou o ambiente contemplativo do sagrado. Essa prática é conhecida como ziyārah. Para a maioria dos muçulmanos, o mazār mais importante (local de visitação) é a mesquita e a tumba do próprio profeta na cidade de Medina. O credo islâmico foi formulado de muitas maneiras diferentes dentro da tradição islâmica; em muitas questões, existem diversos pontos de vista, mas também há consistência em muitas crenças fundamentais.

Os fundamentos compartilhados do credo islâmico incluem a crença na unicidade de Deus, a afirmação da missão profética de Maomé como o último mensageiro enviado à humanidade e a expectativa do retorno final a Deus. Com base nos ensinamentos do Alcorão, a crença islâmica também reconhece que habitamos um cosmos espiritual vivo, contendo anjos e gênios, que interagem com os seres humanos e têm a capacidade de adorar a Deus. O Alcorão vê sua mensagem como a afirmação das muitas revelações que a precederam; para cada civilização, houve uma religião revelada que inclui tanto uma revelação quanto um mensageiro. A tradição islâmica promoveu uma ampla variedade de abordagens para o entendimento e as conclusões sobre a natureza de Deus, o mundo em que vivemos e a natureza da humanidade. Várias disciplinas surgiram que lidam com essas questões, incluindo uma grande variedade de escolas teológicas, filosóficas e místicas.

Ao longo dos séculos, tem havido muita discussão sobre revelação, razão e ideias místicas como fontes de conhecimento, levando a tradições ricas de investigação em questões de prosa e poesia, como livre arbítrio, a relação de Deus e a criação. e a possibilidade de um ser finito conhecer o Infinito. Os intelectuais muçulmanos também se engajaram nas ciências naturais, não vendo conflito entre crença em Deus e estudo do mundo natural, que o Alcorão declara estar cheio dos sinais de Deus.

Embora as discussões técnicas de teologia, filosofia e misticismo nas culturas muçulmanas exigissem uma grande quantidade de treinamento especializado, todos os estratos da sociedade participaram de questões sobre a natureza da realidade, a humanidade e o cultivo do caráter por meio da composição, recitação e desempenho de diversas publicações literárias.

Como evangelizar um muçulmano:

Evangelizar um muçulmano requer uma abordagem sensível e respeitosa, tendo em mente as diferenças teológicas e culturais entre o cristianis**Compreenda o Islã:** é importante entender as crenças e práticas fundamentais do Islã. Isso ajudará você a estabelecer uma base sólida para o diálogo e a evitar mal-entendidos.

Envolva-se em Diálogo Respeitoso: Abra um diálogo amigável e respeitoso sobre fé. Evite uma abordagem confrontadora e esteja disposto a ouvir as perspectivas do muçulmano. Mostre respeito pelas diferenças e enfatize os pontos em comum.

Destaque Figuras Compartilhadas: Aponte figuras bíblicas que também são reconhecidas no Islã, como Abraão, Moisés e Jesus. Isso pode ajudar a estabelecer uma conexão entre as duas tradições religiosas.

Apresente Jesus Cristo de Maneira Respeitosa: Fale sobre Jesus como uma figura importante tanto no cristianismo quanto no Islã. Mencione seu papel como profeta e mensageiro de Deus. Evite declarações que possam ser percebidas como desrespeitosas em relação a Maomé, o profeta do Islã.

Use Textos Bíblicos Compartilhados: Se desejar compartilhar passagens da Bíblia, escolha aquelas que têm significado para ambos os grupos religiosos. Por exemplo: Lucas 1.30-35, que descreve o nascimento virginal de Jesus. João 14.6, onde Jesus diz: "Eu sou o caminho, a verdade e a vida. Ninguém vem ao Pai senão por mim."

Evite Confrontos Diretos: Evite abordagens agressivas ou confrontadoras que possam criar barreiras. Em vez disso, concentre-se em construir pontes de entendimento e respeito.

Esteja Ciente das Diferenças Teológicas: Reconheça as diferenças teológicas entre as duas religiões, especialmente em relação à Trindade e à natureza de Deus. Esteja preparado para responder a perguntas e explicar suas crenças de maneira clara e gentil.

Lembre-se de que devemos pregar "a tempo e fora de tempo" (2 Timóteo 4.2-4), mas a liberdade religiosa é um direito fundamental, e as pessoas têm o direito de praticar sua fé sem pressão externa. Se alguém expressar desinteresse ou desconforto em discutir questões religiosas, respeite esses limites. O diálogo respeitoso e a compreensão mútua são fundamentais ao abordar questões de fé com sensibilidade.

AS GRANDES RELIGIÕES DO ORIENTE

Considerado o berço das grandes religiões, o Oriente é uma experiência rica e vasta para qualquer estudante desejoso de conhecer a religiosidade mundial. Marcado pela pluralidade religiosa (e de deuses!), as religiões coexistem de maneira quase harmônica; é comum que as pessoas sejam adeptas de duas ou mais religiões ao mesmo tempo. Na China, por exemplo, desde o século VI fala-se dos "três caminhos" – taoísmo, confucionismo e xintoísmo como uma prática religiosa equilibrada.

Mas não se engane limitando ou rotulando a religião no Oriente: quando falamos de religiões orientais nos referimos às religiões originárias do mundo oriental - Índia, China, Japão e sudeste da Ásia que, portanto, apresentam profundas diferenças entre si e com as religiões ocidentais. Isso inclui as tradições religiosas do Leste Asiático e da Índia, bem como religiões animistas.

Essa distinção religiosa Leste-Oeste, assim como a distinção cultural Leste-Oeste, e as implicações que dela decorrem, são amplas e imprecisas, seria exaustivo construir uma relação comparativa de diferença entre o xintoísmo e o cristianismo, por exemplo. Além disso, a distinção geográfica tem cada vez menos significado no contexto atual de transculturação global; é cada vez mais comum encontrarmos adeptos do budismo no dia a dia em localidades fora da

Ásia. Assim, procuraremos nos ater à exposição do pensamento oriental por trás de cada religião oriental, o que por si só já mostrará como cada uma delas são diferentes do cristianismo.

CAPÍTULO 1

As Religiões do Extremo Oriente

As religiões do Leste Asiático são fundamentais para o desenvolvimento político, social e educacional de seus países e povos. Hoje, as crenças religiosas continuam moldando as decisões e práticas das pessoas: o budismo na Tailândia, o islamismo na Malásia e muitos outros, incluindo um número crescente de cristãos em toda a região. Para muitos nessas sociedades coletivistas, a religião de uma pessoa é determinada pela cultura e reforçada por meio do legado familiar. Novas crenças se prestam ao sincretismo à medida que as pessoas buscam um senso de realização enquanto permanecem leais às expectativas culturais.

A religiosidade do extremo oriente é riquíssima. O cristianismo já está amplamente estabelecido ao longo de toda a Ásia, mas encontramos uma infinidade de outras religiões, algumas pouco conhecida no ocidente como o animismo, o confucionismo, o taoísmo, o xintoísmo e outras mais conhecidas como o budismo, o islamismo e o hinduísmo.

O animismo pode ser encontrado em muitas religiões tribais ou primitivas. As religiões primitivas são aquelas que são antigas, existentes antes do advento das religiões mundiais, como o Cristianismo, o Budismo e o Hinduísmo. Existem muitas dessas religiões no Leste Asiático, particularmente em áreas rurais ou subdesenvolvidas, comunidades insulares e entre grupos tribais ou nacionalidades minoritárias.

A base do animismo é a crença de que o mundo espiritual é mais forte do que os humanos. O poder do mundo espiritual infunde tudo. Frequentemente, acredita-se que os espíritos habitam objetos específicos, como uma árvore, ou lugares, como uma área de floresta ou uma vila. Às vezes, acredita-se que eles se movam, até mesmo seguindo pessoas para diferentes casas ou vilas.

Para o animista, alguns espíritos são almas de ancestrais falecidos. Outros são seres inerentes à natureza e ao reino espiritual. Para algumas pessoas, os espíritos são intermediários entre os humanos e um deus superior. Este é frequentemente o caso em uma religião popular ou em uma religião primitiva que reconhece um deus supremo. Em outras religiões primitivas, os espíritos são os seres primários do reino espiritual. Como tal, sua ajuda é procurada. Às vezes, a ajuda de determinados espíritos é solicitada para ocasiões específicas, por exemplo, durante doença ou guerra, para casamento ou parto, ou trabalho e estudo. Também se busca ajuda para melhores condições climáticas ou uma boa colheita. O relacionamento entre o mundo espiritual e o mundo humano é contínuo e requer esforço constante. Alguns espíritos são vistos como amigáveis e prestativos, e a gratidão é demonstrada pelo esforço humano de orações ou ofertas. Outros espíritos podem ser maus ou problemáticos e precisam ser evitados ou apaziguados. O esforço humano é necessário para garantir a boa vontade dos espíritos e para que não sejam ofendidos ou negligenciados.

Para o contato com os espíritos, geralmente são necessários métodos especiais ou a ajuda de indivíduos treinados e mais habilidosos na prática de contato com os espíritos. Alguns grupos tribais têm um líder espiritual que costuma ser chamado de xamã. Os xamãs entram no mundo espiritual por meio de um transe extático. Eles voltam ao mundo terreno com mensagens dos espíritos. Outras comunidades fazem contato por meio de um médium ou por meio de adivinhação. Os métodos de adivinhação incluem astrologia (por exemplo, na China), leitura da sorte (por exemplo, pela seleção de uma "fortuna" escrita no budismo popular) e rituais (em muitas comunidades tribais). Em muitas áreas, incluindo aquelas onde uma religião mundial é estabelecida, existem curandeiros locais que prescrevem rituais para buscar a cura dos espíritos. Nas áreas rurais, eles também usarão métodos naturais (por exemplo, plantas).

O confucionismo por sua vez, é uma coleção de ideologias desenvolvidas a partir dos ensinamentos do filósofo chinês Confúcio (551-479 a.C.). As filosofias de Confúcio abordam todas as facetas da vida, desde os sistemas políticos até os educacionais, bem como a vida comunitária e familiar. Ele ensinou a importância do amor e da preocupação pelos outros, a ser alcançada por meio da autodisciplina e da atenção aos outros. O confucionismo começou como um sistema de crenças chinês e ainda hoje prevalece na China, apesar de ter se espalhado para outras nações como Coréia, Japão e Vietnã.

Confúcio viveu na mesma época que Buda, ele nasceu em um estado feudal na província de Shandong. Seu pai era um guerreiro. Confúcio mostrou grande habilidade como estudante. Aos 22 anos abriu uma escola e muitas pessoas vieram em busca de seu aprendizado e sabedoria. Ele foi nomeado ministro da justiça do estado e, durante sua administração, trouxe ordem moral e prosperidade. Entre seus ensinamentos podemos listar a alteridade (preocupação com os outros), a honra aos pais e os mais velhos, ética e o governo moral e benevolente.

Os primeiros escritos chineses referem-se a um deus supremo ou supremo, denominado Céu ou Imperador Celestial. Confúcio compartilhou essa crença, dizendo: "Quem ofende o Céu não tem ninguém a quem orar." O céu presidia com a lei moral. Seguidores posteriores consideraram o céu como o poder moral divino do cosmos, expresso em perfeita harmonia com a humanidade. O confucionismo foi fortemente reprimido durante a Revolução Cultural (1966-1976). No entanto, tornou-se mais elegante no final do século XX. Na verdade, o boom econômico asiático foi parcialmente atribuído à ética confucionista, como a valorização da comunidade acima do indivíduo. Muitos valores chineses têm raízes no confucionismo (por exemplo, lealdade familiar). Da mesma forma, muitos valores do confucionismo podem ser traços culturais do povo chinês (por exemplo, o governo autoritário). O confucionismo é agora visto como uma alternativa positiva e inerentemente chinesa às influências ocidentais que ameaçam os velhos hábitos.

Culturalmente alinhado com o confucionismo encontramos o ***Taoísmo***, uma religião que é ao mesmo tempo um sistema filosófico que defende a unidade com o fluxo natural do universo. Seus adeptos tentam se alinhar com o Tao, ou "o caminho". O taoísmo, como o confucionismo, remonta à China e até hoje influencia muito do pensamento chinês. O taoísmo se espalhou para outras regiões do mundo, embora se destaque mais na China, Cingapura e Taiwan.

Os primeiros escritos taoístas unem antigas crenças panteístas para criar uma tradição formalmente reconhecida. Eles foram escritos no século V a.C. por Laozi. Como Confúcio, Laozi viveu em uma época de perturbação social. Ele se voltou para a natureza em busca de paz, unidade e tradição. Laozi e, mais tarde, Zhuangzi (século III a.C.), desenvolveram o conceito do "Tao", que significa "o caminho" ou "a estrada correta". Esse conceito é visto como a força por trás do mundo natural.

Para o taoísmo o mundo se move em ciclos infinitos de mudança e variação, tornando-se perpetuamente e depois desaparecendo, expandindo-se e depois contraindo-se. Dentro desses ciclos universais existem diferenças e opostos. Essa filosofia é retratada no símbolo yin-yang que expressa os princípios dualísticos, mas equilibrados do tao. O yin é o lado escuro, a respiração que formou a terra. O yang é o lado da luz, a respiração que formou os céus. A interação dos dois é visível em todo o universo: masculino e feminino, quente e frio, rico e pobre, claro e escuro, bom e mau. O tao é essencialmente incognoscível, mas é evidente no mundo natural e os taoístas modelaram suas vidas nos padrões do universo. Eles pretendem viver de acordo com o tao. Isso significa alcançar harmonia dentro de si mesmo e dentro do universo. A ordem e o equilíbrio naturais podem ser espelhados na sociedade.

Muitas coisas agora reconhecidas como inerentemente chinesas foram inspiradas e consolidadas pelo taoísmo. Isso inclui amor pela natureza, fitoterapia, culinária chinesa, artes marciais e ginástica. Alguns são baseados na ideia de "qi" (chi), a energia intrínseca do corpo. Acredita-se que "tai chi" e o "chi gong" (tipos de artes marciais) ajudam o fluxo dessa energia pelo corpo, enquanto a medicina tradicional trabalha com o princípio de que a doença é causada pelo bloqueio do chi.

O taoísmo também rejeita competição, classificação, luxo, vulgaridade e ostentação. Laozi disse que o nível mais alto é o menos seguro. Todo mundo quer estar no topo da árvore, mas se conseguíssemos isso, a árvore quebraria. Em vez disso, devemos ser como a água, sempre buscando o nível mais baixo.

Na tradição chinesa, existem muitas divindades e espíritos. Para o taoísta, esses espíritos são manifestações de um tao incognoscível. Um panteão taoísta se desenvolveu no qual os deuses formavam uma hierarquia, com deuses celestiais espelhando oficiais terrenos e demônios espelhando párias sociais e criminosos. As pessoas buscavam felicidade, boa saúde e prosperidade adorando e apaziguando os espíritos.

A crença antiga incluía a veneração dos ancestrais. As almas alcançaram a felicidade de acordo com a conduta de seus descendentes vivos. Portanto, o dever era viver uma vida boa e virtuosa. A adoração aos ancestrais ainda é praticada. Para muitas pessoas, é simplesmente superstição - algo que é feito "apenas no caso". Para outros, é mais importante. Em muitas casas, pode-se encontrar um pequeno santuário, geralmente fotos dos avós, aos quais são oferecidos alimentos e cigarros. O Festival Qing Ming anual celebra os ancestrais com a limpeza de túmulos e fogos de artifício. Os cristãos são ensinados a não venerar ancestrais, mas isso pode ser uma fonte de tensão familiar, até mesmo uma barreira à fé. Sob o comunismo, o taoísmo foi denunciado como fatalista, supersticioso e passivo. Não era progressivo nem moral o suficiente para ser útil. No entanto, as muitas influências do taoísmo ainda são evidentes (medicina, chi gong etc.). A maioria das pessoas na China encontrará essas coisas em suas vidas diárias.

No Japão, ***o xintoísmo*** surgiu aproximadamente 1.000 a.C. O xintoísmo é uma mistura de religiões antigas e ritos religiosos que foram seguidos no Japão desde muito cedo. A tradução literal do xintoísmo significa "o caminho de kami" ou "o caminho de Deus", embora os seguidores do xintoísmo não adorem nenhum ser supremo. Os kami são vários objetos do mundo natural, assim como seres ancestrais, que se acredita possuírem forças sobrenaturais.

O xintoísmo é menos sobre um sistema de crenças e mais sobre os rituais realizados para reverenciar os kamis e a presença divina dentro deles. A cultura japonesa é profundamente influenciada pelo xintoísmo, de forma que mesmo japoneses que afirmam não ter religião pessoal podem ser encontrados praticando rituais xintoístas.

O xintoísmo é uma mistura de religiões antigas e ritos religiosos que foram seguidos no Japão desde os tempos pré-históricos. Os primeiros escritos xintoístas datam do início do século VIII d.C. e descrevem mitos, orações e ritos religiosos. No entanto, não se sabe com que precisão essas descrições registram as primeiras práticas e crenças religiosas.

As antigas religiões do Japão eram inicialmente animistas, focadas em uma força sobrenatural inerente à natureza. O ano agrícola e as fases da lua eram importantes, assim como a lealdade ao clã. Os xamãs locais representavam os deuses (kami) e evitavam os espíritos malignos. As raízes da dança, arte, literatura e música japonesas contemporâneas podem ser encontradas nos antigos ritos xamanísticos.

O Budismo, o Confucionismo e o Taoísmo chegaram ao Japão no século VI d.C. Em consequência, as antigas religiões japonesas gradualmente se tornaram mais sofisticadas e definidas. Os muitos deuses locais tornaram-se um panteão de deuses e os santuários oficiais diluíram a importância dos costumes e xamãs locais. Por volta de 593 d.C., o budismo se tornou a religião nacional, ajudando a trazer unidade ao Japão após anos de guerra de clãs. No entanto, os clãs ainda seguiram as antigas ideias do xintoísmo e mantiveram sua importância. No final do século VII, a unidade foi tentada por vários imperadores que enfatizaram a igualdade entre os ritos xintoístas e budistas. Ao mesmo tempo, o xintoísmo foi elevado e recebeu uma identidade nacional mais forte por meio de conexões com a família imperial. A linhagem imperial foi rastreada através de imperadores e imperatrizes reais e lendários até Amaterasu, a deusa do sol e bisavó do primeiro imperador.

Hoje, a maioria dos japoneses não se considera religioso, mas a maioria segue as práticas culturais do xintoísmo e do budismo. A atitude oficial é que o xintoísmo não é uma religião, mas um conjunto de costumes observados pelo povo japonês. Geralmente, os casamentos são xintoístas ou ocidentais, realizados em hotéis, e os funerais são budistas. Os bebês são dedicados aos 100 dias de vida. Um sacerdote xintoísta geralmente é chamado para uma cerimônia de inauguração de um novo edifício. Transições significativas na vida de uma empresa podem ser celebradas oficialmente por um sacerdote xintoísta, com funcionários obrigados a comparecer.

CAPÍTULO 2

As Religiões da Índia

A Índia abriga um pouco mais de um bilhão de pessoas. Mais de um sexto da população mundial. Os habitantes desse país pertencem a uma variedade quase incontável de etnias e religiões. Embora oitenta e quatro por cento dos habitantes da Índia pratiquem o hinduísmo, há também uma quantidade considerável muçulmanos, cristãos, sikhs, budistas, e adeptos de outras religiões populares e menores.

De um modo geral, os indianos tendem a ter um forte senso de orgulho pela distinção e diversidade de sua cultura. Por exemplo, as expansões agrícolas do país e os avanços tecnológicos em infraestrutura, ciência e engenharia são fontes de orgulho. Além disso, uma quantidade considerável de orgulho origina-se das ricas exportações culturais artísticas da Índia como música, cinema, literatura, medicina e até atividades físicas (especialmente a prática de ioga).

Como a Índia tem uma das maiores populações do mundo, os espaços públicos e privados costumam ser densamente povoados. Isso influencia o modo como a ideia de privacidade é compreendida, e já que raramente está disponível, é pouco procurada ou praticada. Geralmente, há uma tolerância cultural muito grande para aglomeração. Por exemplo, várias gerações costumam viver sob o mesmo teto, e não é incomum encontrar animais como vacas ou cães vagando livremente pelas ruas públicas e vilas.

A família é uma instituição importante que desempenha um papel central na vida da maioria dos indianos. Como sociedade coletivista, os indianos costumam enfatizar a lealdade e a interdependência. Os interesses da família geralmente têm prioridade sobre os do indivíduo, e as decisões que afetam a vida pessoal (como casamento e planos de carreira) são geralmente tomadas em consulta com a família. As pessoas tendem a agir no melhor interesse da reputação de sua família, pois o ato de um indivíduo pode impactar a percepção de toda a família por sua comunidade.

Os relacionamentos com parentes como tios e tias costuma ser tão forte quanto é o relacionamento com pais e mães. Em muitas partes da Índia, é comum encontrar três ou quatro gerações vivendo juntas. O pai (ou filho mais velho, se o pai não estiver presente) geralmente é o patriarca, enquanto sua esposa tem o direito e dever cultural de supervisionar quaisquer filhas ou noras que vivam na mesma casa. Famílias extensas tendem a se submeter aos idosos e observar uma hierarquia clara entre os membros da família. Em áreas mais urbanas, as pessoas geralmente vivem em famílias nucleares menores, mas mantêm fortes laços com sua família extensa.

Embora a Índia não reconheça oficialmente as categorias raciais ou étnicas no censo nacional, continua a ser uma das populações com maior diversidade étnica do mundo. Em termos gerais, as etnias da Índia podem ser divididas em grupos principais com base em suas origens linguísticas, sendo os dois maiores os indo-arianos e os dravidianos. Por exemplo, muitas pessoas pertencentes a etnias indo-arianas vivem na metade norte do país. As línguas indo-arianas comumente faladas incluem Hindi, Gujarati, Bengali, Marathi, Urdu, Odia e Punjabi.

Enquanto isso, pessoas pertencentes a etnias dravidianas geralmente vivem na metade sul do país. As línguas dravidianas comumente faladas incluem Tamil, Kannada, Telugu e Malayalam. Esses rótulos de 'indo- ariano' e 'dravidiano' geralmente servem como uma maneira útil de categorizar as origens da diversidade étnica indiana, embora não reflitam necessariamente a identidade pessoal ou nacional das pessoas. Por exemplo, você não encontrará ninguém na Índia que se descreva como 'Indo-ariano' ou 'Dravidiano'.

A "identidade indiana", ou melhor, a forma que os indianos se enxergam enquanto nação tem evoluído continuamente ao longo da história do país, à medida que as instituições políticas e religiosas mudam dentro e fora da Índia. Por exemplo, a dominação britânica ocorrida entre 1858 e 1947 trouxe grandes mudanças nas esferas econômica, política e cultural do país. A independência da Índia em 1947 foi acompanhada pela divisão da Índia e do Paquistão na República da Índia e na República Islâmica do Paquistão, respectivamente. Isso levou à violência em massa que continua ainda hoje a ser uma fonte de trauma e tristeza para muitos muçulmanos, sikhs e hindus que residem na região de Punjab, no noroeste da Índia.

Na Índia, a religião é mais publicamente visível do que em qualquer outro país do mundo. Isso se torna evidente ao considerar os inúmeros espaços que são considerados sagrados. Os exemplos incluem "ashrams" (espécies de mosteiros ou locais de congregação) que são formados por grandes comunidades de estudiosos ou monásticos, templos (mandir), santuários e paisagens específicas, como o rio Ganges. Há uma rica história religiosa visível na arquitetura, e não é incomum encontrar vários locais de culto, como um templo hindu, uma mesquita muçulmana e uma igreja cristã, todos próximos uns dos outros.

Para compreender melhor a Índia e seus habitantes, precisamos conhecer melhor quatro fatos sobre a religiosidade nesse país:

A enorme população da Índia inclui não apenas a vasta maioria dos hindus do mundo, mas também o segundo maior grupo de muçulmanos em um único país, atrás apenas da Indonésia: Estudos estatísticos indicam que em 2050, a população muçulmana da Índia crescerá ultrapassará a marca de trezentos milhões de seguidores, tornando-se a maior população muçulmana do mundo. Ainda assim, projeta-se que os muçulmanos indianos continuem sendo uma minoria em seu país, representando cerca de dezoito por cento da população total do país em meados do século, enquanto os hindus continuarão sendo a maioria (em torno de setenta e sete por cento);

A Índia é uma democracia religiosamente pluralista e multiétnica: Sua constituição prevê a liberdade de consciência e o direito de professar, praticar e propagar a religião. Tem proteções para as minorias contra a discriminação religiosa ou por conta da casta (uma estratificação social baseada no hinduísmo). Desde 1.976 a Índia se posiciona como um Estado laico. Apesar de se proclamar um Estado laico, curiosamente a Índia prevê em sua constituição a proibição ao abate de vacas – um animal considerado sagrado pelos hindus. Atualmente, vinte e um dos vinte e nove estados indianos aplicam penas de prisão em quem desobedece a essa lei;

Embora existam proteções legais para grupos religiosos e minorias, os indianos ainda experimentam elevados níveis de restrições governamentais à religião: Seis estados indianos ainda hoje proíbem que as pessoas mudem de religião. Não é incomum nesses estados a prisão de muçulmanos e cristãos acusados de proselitismo.

Além disso, budistas, e sikhs são legalmente considerados hindus e não têm acesso aos serviços sociais ou às preferências de emprego e educação disponíveis para outros grupos religiosos minoritários. Enquanto isso, cristãos e muçulmanos descendentes de dalits hindus (considerada a classe social mais baixa do hinduísmo) que se converteram exatamente para escapar da discriminação de casta, não têm acesso a benefícios educacionais e trabalhistas tradicionalmente reservados aos dalits hindus, causando ainda mais discriminação entre os indianos;

A Índia também experimenta níveis "muito altos" de hostilidades sociais relacionadas à religião nas últimas décadas: Desde 2007, o país tem registrado diversos eventos hostis com motivação religiosa. Grande parte dessa hostilidade é dirigida contra os dalits e às minorias religiosas como budistas, cristãos, muçulmanos e sikhs. Nos últimos anos, houve um aumento de ataques contra pessoas que professam outras fés por grupos de vigilantes hindus. Relatam-se ainda ataques a dalits, a muçulmanos consumidores e comerciantes das indústrias de carne bovina, laticínios e couro. Além disso, as mulheres dalits sofrem desproporcionalmente mais abusos sexuais por conta de sua casta, assim como mulheres e meninas muçulmanas também têm sido alvo devido sua religião.

Você pode estar se perguntando: por que estamos dedicando tanta atenção um grupo tão vasto como os Indianos sem ainda debatermos sobre sua religiosidade, principalmente porque se trata de um povo tão distante? A Índia, enquanto nação a ser evangelizada, representa um desafio extremamente grandioso. Sua vasta cultura construída por séculos de história, associada à sua riqueza religiosa a torna um dos rincões do mundo mais difíceis de serem evangelizados: Os hindus por exemplo, cultuam a Jesus como um deus em seu panteão! Eles têm uma profunda habilidade de praticar duas ou mais religiões simultaneamente. Diante disso, conhecer a Índia e sua cultura antes mesmo de conhecermos seus preceitos religiosos se faz tarefa obrigatória no estudo de religiões.

CAPÍTULO 3

Budismo

Embora o budismo tenha se originado na Índia e sob esse aspecto possa ser considerado uma religião indiana, pouco resta do budismo na Índia de hoje; ele é mais difundido no Sri Lanka e no Sudeste da Ásia. Entretanto, o budismo também tem uma longa e importante história na China, na Coréia e no Japão. Excluindo a China, estima-se que quase 200 milhões de pessoas professam a fé budista. A origem do budismo é atribuída a Sidartha Gautama (560-480 aC), que viveu no Nordeste da Índia.

Sidarta cresceu no seio da fortuna e do luxo. Seu pai recebera uma profecia de que seu filho ou se tornaria um poderoso governante ou tomaria o caminho oposto e abandonaria o mundo por completo. Para evitar que seu filho abandonasse o mundo, o pai privou Sidarta de conhecer o mundo além das muralhas do palácio, ao mesmo tempo que o cercava de delícias e diversões. Ainda jovem, ele se casou com sua prima e mantinha também um harém repleto de dançarinas.

Aos 29 anos Sidarta experimentou algo que haveria de ser o ponto crucial de sua vida. Apesar da proibição do pai, ele se arriscou a sair do palácio e viu, pela primeira vez, um velho, um homem doente e um cadáver em decomposição. Entretanto, depois dessas impressões desanimadoras, avistou um asceta com a expressão radiante de alegria. Percebeu então que uma vida de riqueza e prazer é uma existência vazia e sem sentido.

E se perguntou: haverá alguma coisa que transcenda a velhice, a doença e a morte? Sidarta também se sentiu tomado por uma grande compaixão pela humanidade e um chamado para livrá-la do sofrimento. Imerso em pensamentos, voltou ao palácio e na mesma noite renunciou à sua agradável vida de príncipe. Sem se despedir, abandonou esposa e filho, e partiu para uma vida de andarilho.

As narrativas relatam que Sidarta, depois de uma vida de abundância, passou para o extremo oposto: os exercícios ascéticos. Obrigou-se a comer cada vez menos, até que finalmente, segundo a lenda, conseguia sobreviver com um único grão de arroz por dia. Dessa maneira ele esperava dominar o sofrimento; mas nem os exercícios de ascetismo nem a ioga lhe deram o que procurava. Assim, ele adotou o "caminho do meio", buscando a salvação por meio da meditação. E, aos 35 anos, após seis anos de vida ascética, alcançou a iluminação (bodhi), enquanto estava sentado em meditação sob uma figueira, à margem de um afluente do rio Ganges.

Em seu primeiro sermão, Buda proferiu as seguintes palavras:

> "Agora, monges, essa é a nobre verdade do estresse: o nascimento é estressante, o envelhecimento é estressante, a morte é estressante; tristeza, lamentação, dor, angústia e desespero são estressantes; a associação com o não amado é estressante, a separação do amado é estressante. Não conseguir o que se quer é estressante.
>
> "E isso, monges, é a nobre verdade da origem do estresse: o desejo que faz com que se torne mais - acompanhado de paixão e deleite, saboreando agora aqui e agora - isto é, desejo por prazer sensual, desejo por se tornar, desejo por não-devir.
>
> "E isso, monges, é a nobre verdade da cessação do estresse: o desaparecimento e cessação, a renúncia, a renúncia, a renúncia, a libertação e o abandono desse desejo.
>
> "E isso, monges, é a nobre verdade do modo de prática que leva à cessação do estresse: precisamente este Nobre Caminho Óctuplo visão correta, resolução correta, discurso correto, ação correta, modo de vida correto, esforço certo, atenção correta, concentração correta". (Dhammacakkappavattana sutta).

Não sabemos qual era o idioma real que o Buda histórico falava, embora algumas escolas budistas – os Theravada, por exemplo – presumam que o Buda falava no idioma em que suas próprias escrituras são preservadas.

Buda, em alguns textos é lembrado como encorajando seus discípulos a traduzir seus ensinamentos para os idiomas das audiências a que estavam se dirigindo. Parece, também, que durante os primeiros séculos da história budista, as escrituras budistas foram transmitidas oralmente em uma variedade de idiomas índicos médios.

Esses idiomas indianos médios estariam perto dos idiomas falados de diferentes regiões da Índia na época. Os manuscritos mais antigos de escrituras budistas que possuímos estão na língua Gandhari, que era a língua falada na região do sul da Ásia que agora inclui o Paquistão e o Afeganistão, e ilustram como os budistas empregavam línguas locais e vernáculas para fins religiosos. Mais tarde, no entanto, os budistas começaram a desenvolver idiomas trans-locais. Eram línguas que podiam ser entendidas através de fronteiras linguísticas e algumas vezes também de fronteiras culturais. Eles se tornaram línguas de aprendizado e também de prestígio. Eventualmente, as escrituras budistas passaram a ser transmitidas exclusivamente em línguas cosmopolitas "trans-locais". O uso de tais línguas está frequentemente associado à expansão do budismo em toda a Ásia e ao seu crescente destaque social. Podemos comparar essas línguas budistas cosmopolitas com o uso do grego koiné no início do cristianismo, o uso do latim na Europa medieval ou o uso do árabe no mundo islâmico.

O budismo reconhece três "joias", ou seja, três bens que mantêm seu valor ao longo do tempo:

1. Buda;
2. Dharma, ou seja, a doutrina budista;
3. Sangha, ou seja, a comunidade de monges budistas Dharma também significa Realidade, com "R" maiúsculo, ou Verdade, com "V" maiúsculo. Dharma, como Realidade, é a maneira como as coisas realmente são, em contraste com as maneiras pelas quais percebemos o mundo de acordo com nossas próprias ilusões e ilusões. É uma realidade que precisamos despertar, assim como o Buda, o Desperto. É uma verdade, sabendo o que nos liberta. No entanto, os budistas discordam sobre as especificidades da natureza dessa realidade e discordam sobre os contornos dessa verdade que liberta, mas são unânimes em dizer que o que o Buda ensinou – seu Dharma – dá acesso a Verdades. Na realidade, após conhecer o Dharma, quando vemos as coisas como são, somos libertados do sofrimento e da agitação em que habitualmente vivemos.

Esses dois significados do Dharma significam que os ensinamentos do Buda são apresentados conectados a "fatos" que são importantes. Existem cinco fatos sobre os quais devemos refletir com frequência no Budismo:

1. "Estou sujeito ao envelhecimento, nada além do envelhecimento"...
2. "Estou sujeito a doença, nada além da doença..."
3. "Estou sujeito à morte, nada além da morte..."
4. "Vou crescer diferente, separado de tudo o que é querido e atraente para mim..."
5. "Eu sou o dono de minhas ações (karma), herdeiro de minhas ações, nascido de minhas ações, relacionado através de minhas ações, e tenho minhas ações como meu árbitro".
6. O Dharma também é triplo:
7. Dharma a ser estudado: como princípios.
8. Dharma a ser praticado: viver os ensinamentos.
9. Dharma a ser realizado: despertar, experimentar por si mesmo a Realidade, conhecer as coisas como elas realmente são.

O Dharma é transcendente e, como todas as experiências, vai muito além do que pode ser colocado em palavras. Cada tipo de Dharma leva ao próximo. Só sabemos o que estamos estudando quando o aprendemos através da prática. Ler sobre tocar piano não é o mesmo que tocar piano. Alguns textos budistas alertam contra a falta disso: ficar preso apenas no estudo de textos e não os seguir para onde eles levam:

> Embora toda a sua vida um tolo se associe a um homem sábio, ele não compreende mais a Verdade do que uma colher experimenta o sabor da sopa.
> Embora apenas por um momento uma pessoa discernente se associe a um homem sábio, ela rapidamente compreende a Verdade, assim como a língua prova o sabor da sopa". (Dhammapada 64-65).

Os budistas ainda acreditam na existência do Nirvana. Nirvana não é um "paraíso" budista, nem auto-aniquilação. É o fim do sofrimento. A palavra "nirvana" é derivada de um verbo que significa "flutuar para longe". Buda descreveu o nirvana como diferente da terra ou qualquer coisa da terra, nem como a consciência, o nada, o sol ou a lua. Às vezes é chamada de consciência transformada, mas não é como a ideia cristã da alma, pois Buda não acreditava que a pessoa interior existisse. O Nirvana pode ser experimentado parcialmente antes da morte, por meio da meditação. Os budistas geralmente acreditam que existem muitos caminhos para o Nirvana.

O budismo nega que tenhamos uma alma ou personalidade, portanto, uma compreensão pessoal de Deus é uma ideia estranha. Os budistas do Leste Asiático costumam seguir em grande parte uma mistura de uma ou mais tradições budistas dominantes, animismo e adoração aos ancestrais. Para eles, Jesus é considerado um mestre espiritual semelhante a Buda – uma leitura de Jesus diferente daquela feita pelo Cristianismo.

No pensamento ocidental, a personalidade é uma unidade consistente que determina o comportamento e as escolhas de um ser humano. O budismo vê o ser humano como parte do universo, um arranjo de elementos em constante mudança. A alma, ou o indivíduo não existem de maneira isolada, mas fazem parte do infinito todo.

Como evangelizar um budista:

Evangelizar um budista requer uma abordagem sensível e respeitosa, reconhecendo as diferenças filosóficas e espirituais entre o cristianismo e o budismo. Aqui estão algumas diretrizes para evangelizar de maneira respeitosa:

Compreenda o Budismo: É crucial ter um entendimento básico das crenças e práticas fundamentais do budismo. Isso inclui a compreensão dos Quatro Nobres Verdades, o Nobre Caminho Óctuplo e a natureza da impermanência.

Estabeleça uma Relação Respeitosa: Inicie uma conversa de maneira amigável e respeitosa. Mostre interesse genuíno em compreender as crenças e práticas do budista. Evite ser confrontador e esteja disposto a ouvir.

Encontre Pontos Comuns: Em vez de focar nas diferenças, destaque os pontos comuns entre as duas tradições, como a importância da compaixão, amor e ética moral.

Apresente Jesus de Forma Compreensível: Ao compartilhar sobre Jesus Cristo, faça isso de uma maneira que respeite a perspectiva budista. Por exemplo, destaque os ensinamentos de Jesus sobre o amor, compaixão e perdão, enfatizando sua mensagem universal.

Use Parábolas e Histórias: O budismo frequentemente utiliza parábolas e histórias para transmitir ensinamentos. Ao compartilhar a mensagem cristã, considere usar parábolas e histórias bíblicas que possam ressoar com a sensibilidade budista.

Explique a Graça e a Redenção: Aborde o conceito de graça e redenção de maneira clara e simples. Explicar como o amor e o sacrifício de Jesus oferecem a oportunidade de reconciliação e vida eterna pode ser um ponto de interesse.

Lembre-se de que devemos pregar "a tempo e fora de tempo" (2 Timóteo 4.2-4), mas a liberdade religiosa é um direito fundamental, e as pessoas têm o direito de praticar sua fé sem pressão externa. Se alguém expressar desinteresse ou desconforto em discutir questões religiosas, respeite esses limites. O diálogo respeitoso e a compreensão mútua são fundamentais ao abordar questões de fé com sensibilidade.

CAPÍTULO 4

Hinduísmo

O "hinduísmo" é uma das religiões mais antigas do mundo. É um rico mosaico de uma ampla gama de ideias, práticas e comunidades religiosas nativas do sul da Ásia que evoluiu ao longo de mais de três milênios entrelaçando fios de muitas culturas e o culto do divino de diversas formas. Atualmente, no sul da Ásia, Índia e Nepal são países de maioria hindu. Mas as ideias e práticas que formam o hinduísmo também prevalecem em partes do sudeste da Ásia desde o primeiro milênio da Era Comum. Desde o século XIX, o hinduísmo alcançou muitas partes do globo com imigrantes indianos e com novos seguidores que o adotaram nessas terras.

Embora as comunidades que seguem o pensamento e as práticas hindus tenham florescido no subcontinente indiano por, pelo menos, três milênios, o conceito de "hinduísmo" - como um pacote unitário e coerente de crenças e rituais - surgiu apenas no século colonial do século XIX através de processos que têm sido muito debatidos nas últimas três décadas.

O termo "hindu" é originalmente derivado de uma palavra persa indicando aqueles que vivem "nas áreas ao redor do rio Indo". Ele passou a ser associado a várias identidades regionais, culturais e religiosas ao longo do tempo. O hinduísmo é marcado por uma imensa diversidade interna de crenças e práticas. É difícil caracterizar crenças ou práticas fundamentais às quais todos os hindus aderem. Mas encontramos alguns padrões amplos. A maioria das comunidades hindus, por exemplo, reconhece explícita ou implicitamente a autoridade de um vasto corpus bíblico na língua sânscrita conhecida coletivamente como Vedas.

A maioria também compartilha o conceito de que o divino se manifesta de diversas maneiras e acredita na eternidade da alma renascida na vida após a vida, guiada pelo carma, as repercussões morais da ação humana. A natureza do karma ou "ações" durante um período de vida pode ter dado à luz como animal ou ser humano em um contexto social específico na próxima vida. Em torno dessas visões amplamente compartilhadas, uma rica rede de pensamentos e práticas se desenvolveu ao longo de milênios com contribuições duradouras feitas em cada época por diferentes comunidades. Uma parte de nossa jornada envolverá a tentativa de entender como os pontos de vista são amplamente compartilhados pelos hindus emergem de seus textos sagrados e como eles manifestam práticas diferentes em diferentes contextos históricos e regionais.

Um aspecto do hinduísmo que os não-hindus consideram intrigante é o panteão hindu com numerosas divindades. Alguns hindus adoram apenas um deles. Mas um grande número deles cultua diferentes divindades em momentos diferentes, sem nenhum senso de conflito. Esse aspecto do hinduísmo tem sido frequentemente denominado "politeísmo" e criticado do ponto de vista monoteísta. Estudiosos que tentaram entender isso de uma perspectiva compreensiva usaram outros termos e analogias. Um dos termos empregados nesse sentido é o "catenoteísmo" (um culto a um deus de cada vez). O panteão hindu pode ser comparado ao "padrão do caleidoscópio" cujos componentes são reconfigurados nos desenhos em diferentes momentos.

De fato, o entendimento hindu do divino é marcadamente diferente daquele nas tradições monoteístas como um Deus todo-poderoso. A vasta gama de divindades no panteão hindu é mantida filosoficamente através do conceito de "Brahma", o infinito e eterno espírito supremo que subjaz a toda a existência. De acordo com esse entendimento, Brahma permeia tudo o que existe, até as divindades. As múltiplas formas divinas adoradas por várias comunidades são vistas como manifestações daquele único Supremo, que assume formas infinitas. Algumas das divindades hindus mais populares são Shiva, Vishnu, Ganesha, com cabeça de elefante, e a grande deusa Durga.

A adoração do divino na forma feminina é um aspecto do hinduísmo que o diferencia de muitas outras tradições religiosas. Elementos naturais como o sol e os rios (considerados mães) são vistos como formas dignas de adoração. A essência de cada alma individual (atman) também é entendida como idêntica a Brahma. O esforço espiritual humano envolve a busca pela realização dessa essência. Esse conceito é proposto extensivamente em um conjunto de textos chamado Upanishads, que faz parte da literatura védica antiga.

Enquanto os hindus leigos não leem textos antigos em sânscrito, o entendimento desse em muitas formas divinas tornou-se uma suposição compartilhada dos hindus. Não é incomum ouvir das pessoas comuns que diferentes seres divinos apenas têm nomes e formas diferentes; mas todos eles são finalmente um. Essa distinção entre sua essência e suas manifestações com nomes e formas é a chave para entender o culto hindu. A suposição compartilhada que valida a adoração ao divino de várias formas também valida diferentes maneiras de adoração e forma a base do que é frequentemente chamado de "unidade na diversidade" na tradição hindu.

Os modos de adoração variam muito entre os hindus. Dependendo da inclinação de um indivíduo, vários canais de experiência religiosa são reconhecidos como válidos dentro dos três amplos caminhos religiosos – conhecimento (jñana), devoção (bhakti) e ação (karma).

Não é incomum encontrar uma pessoa dedicada ao estudo de textos sagrados, outra à meditação, uma terceira à adoração diária de imagens do divino e a quarta dedicada a servir pessoas ou animais em uma única família. A arte também é reconhecida como um canal vital de expressão religiosa. Música, dança e pintura são seguidas como caminhos para se aproximar do divino. Existem especialistas para todas as formas de arte religiosa.

A performance artística é incorporada à vida religiosa das pessoas comuns em atos como cantar canções devocionais em reuniões da comunidade, dançar e desenhar desenhos coloridos às portas da casa diariamente. Apoiando expressões estéticas de devoção, muitas divindades hindus são retratadas participando de atos artísticos em mitos e imagens. Outros atos devocionais populares incluem a peregrinação a locais sagrados locais e pan-indianos associados a narrativas religiosas, jejuando em determinados dias da semana ou mês e alimentando pessoas santas e pobres.

A diversidade de práticas de culto também está relacionada ao fato de os hindus na Índia e em outros lugares falarem diferentes idiomas e pertences de diferentes culturas. Um exemplo dessa diversidade é encontrado na celebração de Navaratri (nove noites) ou Durga Puja, festival em homenagem à deusa, realizado em várias partes da Índia com muita festa e dança. As comunidades hindus compartilham um terreno comum com os seguidores de outras tradições religiosas desde os tempos antigos. No quinto século antes da Era Comum, o jainismo e o budismo surgiram no coração da cultura védica.

Embora alguns grupos hindus da história recente tenham se envolvido em conflitos com comunidades não-hindus, às vezes se tornando violentos, a longa história dessa tradição diversificada internamente geralmente se baseia na aceitação da diferença. Uma característica notável do hinduísmo, que ele compartilha com outras tradições índicas, é a compreensão do tempo como cíclico e não linear.

Segundo o entendimento hindu, a criação passa por ciclos de existência e dissolução. A vasta duração de tempo em que a criação existe abrangendo trilhões de anos é seguida de dissolução. Muitos hindus acreditam que, durante o período de dissolução, o universo é reabsorvido no Senhor Vishnu, que dorme em águas primordiais. Quando Vishnu acorda e cria a partir de Brahma, a divindade que cria o mundo, um novo ciclo de criação começa. Não há fim dos tempos e nada está realmente completo para sempre. Tanto a criação quanto a dissolução são estados alternativos em um ciclo interminável.

Um conceito amplamente compartilhado entre os hindus é o de karma (e renascimento. De acordo com essa crença, após a morte, um indivíduo renasce em um corpo diferente. O corpo físico e as circunstâncias sociais neste novo nascimento dependem das ações da pessoa durante o tempo da vida anterior. Uma pessoa continua passando pelo ciclo de nascimento e morte até que todos os seus karmas se esgotem através do esforço espiritual. Esse conceito central do hinduísmo também é encontrado no budismo e no jainismo, duas religiões que se desenvolveram na Índia antiga.

No entanto, a compreensão do eu transmigratório é diferente nas três tradições. Para os hindus, a alma, chamada atman é eterna e idêntica a Brahman, mas fica presa em um corpo após o outro até ser liberada desse ciclo. Ele se funde com Brahma em sua libertação (moksha). Os budistas, em geral, não aceitam a ideia de uma alma eterna. No jainismo, a alma liberada atinge sua forma pura na solidão, não se fundindo em uma realidade maior. Esse conceito também foi usado para justificar o desenvolvimento gradual de uma ordem social hierárquica, geralmente conhecida como "sistema de castas", que categorizou as pessoas em grupos associados a ocupações hereditárias. De acordo com esse sistema, o nascimento de uma pessoa em um determinado grupo estava ligado a suas ações na vida anterior.

Cada grupo ou casta, conhecido como j ti, tem um lugar na hierarquia social. A hierarquia foi baseada no critério de pureza ritual e colocou os sacerdotes no topo. Junto com os sacerdotes, aqueles associados a profissões militares e mercantis passaram a formar as castas superiores. Os grupos mais baixos da escala não gozavam da mesma posição social. Algumas ocupações foram consideradas tão poluídas que as pessoas desses grupos não foram tocadas por outras. Esses grupos – chamados "intocáveis" anteriormente e "Dalit" agora – sofreram grandes discriminações sociais por séculos.

Como evangelizar um hinduísta:

Evangelizar um hinduísta requer uma abordagem sensível e respeitosa, reconhecendo as ricas tradições e crenças do hinduísmo. Aqui estão algumas diretrizes para evangelizar de maneira respeitosa:

Compreenda o Hinduísmo: É fundamental ter um entendimento básico das crenças e práticas fundamentais do hinduísmo. Isso inclui a compreensão dos Vedas, Upanishads, Bhagavad Gita e a diversidade de deuses e deusas adorados no hinduísmo.

Encontre Pontos Comuns: Destaque os valores compartilhados entre o cristianismo e o hinduísmo, como a importância da compaixão, amor e serviço aos outros. Isso pode criar uma base para um diálogo significativo.

Respeite a Diversidade de Crenças: Reconheça a diversidade de crenças dentro do hinduísmo. Evite generalizações e esteja aberto para ouvir sobre as práticas específicas do indivíduo.

Apresente Jesus de Maneira Contextualizada: Ao compartilhar a mensagem cristã, faça isso de uma forma que respeite a cosmovisão hindu. Por exemplo, destaque os ensinamentos de Jesus como uma divindade que desceu à Terra, que veio para ensinar sobre o amor e a verdade – sabemos que Jesus é muito mais que isso, mas o hinduísta não compreenderá isso num primeiro momento.

Use Parábolas e Histórias: Assim como no budismo, o hinduísmo também utiliza parábolas e histórias para transmitir ensinamentos. Considere usar parábolas e histórias bíblicas que possam ressoar com a sensibilidade hindu.

Explique a Trindade de Maneira Compreensível: A ideia da Trindade pode ser desafiadora para quem não está familiarizado com ela. Ao abordar esse conceito, faça-o de maneira clara e compreensível, evitando mal-entendidos.

Evite Comparar Deus com os deuses Hindus: Evite comparações diretas entre Deus e os deuses do hinduísmo. Isso pode ser interpretado como desrespeitoso. Em vez disso, destaque a singularidade da Salvação em Jesus.

Lembre-se de que devemos pregar "a tempo e fora de tempo" (2 Timóteo 4.2-4), mas a liberdade religiosa é um direito fundamental, e as pessoas têm o direito de praticar sua fé sem pressão externa. Se alguém expressar desinteresse ou desconforto em discutir questões religiosas, respeite esses limites. O diálogo respeitoso e a compreensão mútua são fundamentais ao abordar questões de fé com sensibilidade.

CAPÍTULO 5

Sikhismo

Templo dourado, também chamado Harmandir Sahib. Fica localizado no norte da Índia e é considerado o mais importante local do sikhismo.

A palavra "Sikh", da qual deriva o nome dessa religião na língua Punjabi significa "discípulo". Sikhs são os discípulos de Deus que seguem os escritos e ensinamentos dos Dez Gurus Sikh. Segundo seus seguidores, a sabedoria desses ensinamentos pode ser considerada prática e universal pois é destinada a toda a humanidade.

Eu não observo o jejum hindu nem o ritual do mês do Ramadã muçulmano; eu sirvo a ele que, no final, salvará. O Senhor do universo dos hindus, Gosain e Allah para mim são um; dos hindus e muçulmanos eu me libertei. Eu não realizo peregrinação Kaaba nem adoração em locais de banho; Um único Senhor eu sirvo, e nenhum outro. Não realizo nem a adoração hindu nem a oração muçulmana; Ao único Senhor sem forma em meu coração, me curvo. Não somos hindus nem muçulmanos; Nosso corpo e vida pertencem ao Ser Supremo Único, que sozinho é Ram e Allah para nós. (Guru Arjan Dev, Guru Granth Sahib, Raga Bhairon pág. 1136)

Qualquer ser humano que acredite fielmente em: (i) Um Ser Imortal, (ii) Dez Gurus, de Guru Nanak a Guru Gobind

> Singh, (iii) O Guru Granth Sahib, (iv) As declarações e ensinamentos dos dez Gurus e , (v) o batismo legado pelo décimo Guru, e quem não deve lealdade a qualquer outra religião é um Sikh. (Rehat Maryada, Código de Conduta Sikh)

Como você pode ver, o sikhismo também é uma religião monoteísta, surgida no século XV em uma região da Índia que faz divisa com o Paquistão.

O fundador da religião Sikh foi Guru Nanak, nascido em 1469. Ele pregou uma mensagem de amor e compreensão e criticou os rituais cegos dos hindus e muçulmanos. Guru Nanak passou sua liderança dessa nova religião para nove Gurus sucessivos. O último Guru vivo, Guru Gobind Singh morreu em 1708.

Durante sua vida, Guru Gobind Singh estabeleceu a ordem Khalsa (que significa 'O Puro'), uma espécie de soldados sacerdotes. Os Khalsa defendem as mais altas virtudes Sikh de compromisso, dedicação e consciência social. Os Khalsa são homens e mulheres que passaram pela cerimônia de batismo Sikh e que seguem estritamente o código de conduta e convenções Sikh e seguem diversas orientais espirituais para sua conduta física e moral. Uma dessas orientações, por exemplo, é a de nunca cortarem o cabelo (os homens cobrem seus cabelos com um turbante) e carregarem constantemente uma espada cerimonial (Kirpan).

Antes de sua morte em 1.708, o Guru Gobind Singh declarou que os Sikhs não precisavam mais dele e nomeou como seu sucessor espiritual Sri Guru Granth Sahib. Esse guru também assumiu a sucessão como líder Khalsa. O Guru Gobind Singh sentiu que toda a sabedoria necessária aos Sikhs para orientação espiritual em suas vidas diárias poderia ser encontrada em Sri Guru Granth Sahib, o Guru Eterno dos Sikhs. Sri Guru Granth Sahib é uma das mais importantes figuras do sikhismo, pois além de ser o último dos grandes gurus da religião foi também responsável por consolidar todo o conhecimento da religião.

O Sikhismo não tem sacerdotes eles foram abolidos pelo Guru Gobind Singh. O Guru sentiu que eles haviam se tornado corruptos e cheios de ego. Todos os Sikhs têm à leitura de seus ensinamentos sagrados, e qualquer Sikh é livre para ler o Guru Granth Sahib no Gurdwara (um templo Sikh) ou em sua casa. Todas as pessoas de todas as religiões são bem-vindas ao Gurdwara. Uma cozinha comunitária gratuita pode ser encontrada em cada Gurdwara, que serve refeições para todas as pessoas de todas as religiões.

O centro religioso histórico mais significativo para os Sikhs é Harmiandir Sahib (O Templo Dourado) em Amritsar, no estado de Punjab, no norte da Índia. É o centro histórico e inspirador do Sikhismo, mas não é um local obrigatório de peregrinação ou adoração. Apesar de o sikhismo possuir vasta literatura sagrada, resumidamente essa religião possui doze princípios essenciais:

Existe apenas um Deus, ele é o Criador, Sustentador e Destruidor: Os sikhs acreditam na existência de um deus, criador de tudo e todos, que sustenta o mundo e pode destruí-lo a seu bel prazer;

> Você é o Criador, ó Senhor, o incognoscível. Você criou o universo de diversos tipos, cores e qualidades. Você conhece sua própria Criação. Tudo isso é o seu Jogo. (Guru Nanak, Var Majh)

Deus não pode assumir forma humana: O deus do sikhismo é um deus sem forma humana;

> Ele não tem pai, nem mãe, nem filhos, nem irmãos." (Guru Nanak, Maru) Queimada seja a boca que afirma, o Senhor nasce. Ele não nasce nem morre; nem nasce nem parte. Todo penetrante é o Senhor de Nanaks. (Guru Arjan Dev, Raga Bhairon)

O objetivo da vida humana é quebrar o ciclo de nascimentos e mortes e fundir-se com deus. Isso pode ser realizado seguindo os ensinamentos do sikhismo, meditando e realizando atos de serviço e caridade: objetivo da vida é conectar-se com deus na eternidade e para isso o sikh deve praticar a meditação, estudar as escrituras e praticar atos de caridade;

Para o sikhismo existem cinco vícios cardeais – a luxúria, a raiva, a ganância, o apego mundano e o orgulho: Se alguém puder superar isso, eles alcançarão a salvação;

A meditação deve ser praticada diariamente: Não há para o sikhismo prática espiritual mais valiosa que a meditação;

Rejeição de todas as formas de rituais cegos, como jejum, vegetarianismo religioso, peregrinações, superstições, ioga, bem como qualquer forma de idolatria: Em vez disso, os sikhs valorizam uma elevada conduta ética e moral;

* *A vida familiar normal (Grasth) é encorajada, o celibato ou a renúncia do mundo não são necessários para alcançar a salvação. O devoto deve viver no mundo, mas manter sua mente pura. Ele deve ser um soldado, um estudioso, um santo*: Os sikhs desprezam o celibato ou uma vida monástica;

O livro sagrado dos sikhs é o seu eterno Guru: Depois da morte do guru Granth Sahib, o sikhismo não teve mais nenhum grande guru, pois acreditam não ser necessário a existência de um guru vivo;

O sikhismo despreza todas as distinções de credo, raça ou sexo: Para eles, todos são nascidos iguais e assim devem ser tratados;

As mulheres são plenamente iguais aos homens em todos os sentidos: Os sikhs rejeitam a violência contra a mulher, a discriminação por conta do sexo e ainda incentivam que a mulher viúva se case novamente;

O trabalho honesto é incentivado e valorizado: Os sikhs rejeitam fortemente a mendicância, uma prática comum para algumas religiões da Índia;

Compartilhar é uma responsabilidade social: O indivíduo deve praticar a solidariedade com outras pessoas mais desfavorecidas;

O serviço comunitário deve ser constantemente praticado: Os templos sikh possuem uma cozinha comunitária que oferece alimentação às pessoas carentes, independentemente de suas origens ou religiões.

Essa é uma lista sucinta dos ensinamentos sikhs, mas serve como base para conhecermos seus pressupostos teológicos. Apesar dos seguidores do sikhismo estarem concentrados na região de Punjab (interior da Índia), ela está entre as maiores do mundo, contando atualmente com mais de vinte e três milhões de seguidores, se posicionando acima de outras religiões mais conhecidas no Brasil, como o judaísmo, por exemplo.

UNIDADE IV

RELIGIÕES DO BRASIL EM DETALHES

O Brasil é imenso em tamanho, ocupando mais da metade da massa de terra do continente sul-americano e se classificando como o quinto país mais populoso do mundo. O país faz fronteira com todos os Estados do continente sul-americano, exceto Chile e Equador. No entanto, o Brasil difere de vários modos de seus vizinhos devido à colonização do país por Portugal. Embora a independência tenha sido conquistada muito cedo, muitos elementos da cultura portuguesa moldaram a cultura brasileira, como expressões artísticas e atitudes. Vários outros padrões migratórios também introduziram muitas influências culturais que continuam a moldar a cultura brasileira.

Por seu pacifismo marcante, sua notável grandeza geográfica e tolerância às diferenças, o Brasil foi escolhido por diversos povos como segundo lar quando esses povos foram acometidos pelos mais variados problemas. Assim, o Brasil foi se enchendo de múltiplas culturas e religiões que influenciam nosso cotidiano e mudam nossa forma de enxergar a realidade. Podemos dizer que a multiplicação de influências estrangeiras também marcou o país em sua religiosidade; o sincretismo é marcante no território brasileiro.

Outrossim, podemos complementar esse capítulo mencionando que o início do sincretismo no Brasil se deu quando os portugueses trouxeram os africanos para cá, escravizados, de maneira abrupta e violenta. Mas esse povo forte não se intimidou, construiu sua identidade ao longo dos séculos, em meio a muitas lutas que persistem até hoje. A cultura e as antigas religiões africanas permanecem vivas até hoje e se mesclam em muitas regiões do Norte e Nordeste brasileiro com o catolicismo e com o espiritismo.

Veremos nas próximas páginas como as religiões se consolidaram no Brasil e quais os principais pontos doutrinários das maiores religiões dessa nação. Evidentemente o catolicismo e as igrejas de linha pentecostal tem espaço garantido nessa leitura, contudo, estudaremos também algumas religiões e segmentos cristãos que notadamente se destacam pela forma diferente de pensar a religião. Mais uma vez reforçamos que o intuito desse trabalho não é construir um pensamento crítico sobre determinada igreja ou religião, e sim oferecer ferramentas claras ao leitor para que ele possa compreender como os diferentes pensamentos religiosos se desenvolveram.

Nesse sentido, o Brasil é sem dúvidas um dos países mais ricos para estudo da religião. Nossa população é predominantemente composta de imigrantes e mesmo as famílias que habitam o país há mais tempo praticam uma religiosidade única no mundo; apesar de termos sido colonizados pelos portugueses, podemos afirmar categoricamente que o catolicismo brasileiro é muito diferente do catolicismo praticado em Portugal. Isso também vale para as igrejas protestantes, sejam elas históricas ou pentecostais e para as demais instituições que estudaremos nesse capítulo. Nenhuma dessas religiões ou igrejas foram fundadas no Brasil, mas todas elas evoluíram de forma peculiar e marcante dentro do território brasileiro.

CAPÍTULO 1

Igreja Católica no Brasil

A forte herança católica do Brasil pode ser atribuída ao zelo missionário ibérico, que tinha no século XV o objetivo de espalhar o cristianismo aos infiéis. No Novo Mundo, isso incluía índios e escravos africanos. Além da conversão, também houve grandes esforços para fazer cumprir outros aspectos do catolicismo, incluindo a Inquisição, que não foi estabelecida formalmente no Brasil, mas ainda assim funcionou amplamente nas colônias. No final do século XIX, a população católica original de origem ibérica foi reforçada por muitos católicos italianos que imigraram para o Brasil, bem como alguns imigrantes católicos poloneses e alemães.

O Brasil é comumente descrito como a maior nação católica do mundo: cerca de sessenta por cento dos brasileiros são católicos, e apesar de o Estado ser laico desde 1.889, não é incomum encontrarmos em praças e até em autarquias públicas a presença de algum símbolo católico como a estátua de um santo ou um crucifixo. Mas como já pontuamos brevemente antes, o catolicismo no Brasil é distinto daquele praticado em outros lugares do mundo:

> De um modo geral e sem descer a detalhes e exceções, a vida religiosa dos católicos brasileiros reduz-se ao culto dos santos, padroeiras das cidades ou freguesias, ou protetores das suas lavouras, de suas profissões ou de suas pessoas, – um culto em grande parte doméstico e que não se conforma muito estritamente com o calendário oficial da Igreja nem com as prescrições litúrgicas; esse culto traduz-se muito

> em novenas e orações recitadas e cantadas, em procissões e em romarias aos santuários em que se veneram as imagens mais populares ou têm sede algumas devoções favoritas do povo; manifestam-se também por meio de promessas propiciatórias, com oferendas materiais ou "Sacrifícios" aos santos para que atendam às suplicas dos seus devotos. Este culto, em certos aspectos perfeitamente ortodoxo, mas sem dúvida exagerado em sua importância com detrimento da vida espiritual propriamente dita, tem curiosidades muito significativas: uma delas é que, não raro, associa-se a práticas de natureza mágica aprendidas sobretudo dos indígenas que habitavam o país por ocasião da descoberta e que estão hoje reduzidos a algumas centenas de milhares nas florestas mais afastadas do litoral; outra é o fato das imagens dos santos sofrerem castigos quando tardam ou deixam de atender aos rogos dos seus devotos, o que assimila esse culto a uma idolatria. (AZEVEDO, 2002).

O catolicismo não só comumente se mistura às crenças indígenas como também à religiosidade importada pelos escravos africanos – isso pode ser notado com maior clareza entre os afrodescendentes que vivem nos centros urbanos mais antigos do país como Rio de Janeiro, Salvador e Recife. Salvador, por exemplo, conta com mais de trezentas igrejas católicas, praticamente uma para cada dia do ano! Mas em contrapartida, fica também em Salvador o maior número de templos de candomblé do Brasil. Para reforçar, nas palavras de Suess:

> (...) o catolicismo popular representa uma síntese da herança indígena, africana e portuguesa. Os aldeamentos promovidos pelos jesuítas e os quilombos fundados por escravos negros fugidos são laboratórios de um sincretismo católico. Propriedades

características dessa religião popular são a fé na providência – em oposição à fé no progresso propagada oficialmente.

Apesar de ter se instalado muito cedo no Brasil, a igreja passa a gozar de considerável liberdade apenas com a Proclamação da República em 1.889. Isso se justifica porque até então a igreja estava submissa ao Império. Esse longo período de subserviência ao Estado monárquico deu à igreja católica uma considerável passividade e tolerância à religiosidade local e aos manejos promovidos pelo Estado.

Com a Proclamação da República, o Estado se tornou laico – Laico, mas reforce-se, ainda muito tolerante à igreja católica; por se tratar da religião da maioria dos brasileiros, o Estado raramente se posicionou contrariamente à igreja.

A igreja católica no Brasil está dividida em três grandes grupos: igreja católica apostólica romana, igreja católica apostólica brasileira e igreja católica ortodoxa. Apesar da grande proporção da população brasileira seguir um desses três ramos do catolicismo, os seguidores dessa linha cristã em geral estão em declínio. Simultaneamente, o número de protestantes brasileiros tem aumentado desde o início do século XXI. Esse crescimento sugere uma migração de seguidores do cristianismo de linha católica para o ramo protestante.

A igreja católica apostólica romana é considerada o maior e mais antigo ramo de igrejas católicas do Brasil em atividade. Sua chegada ocorreu com as grandes embarcações portuguesas e seu trabalho segue de forma ininterrupta até os dias de hoje. Atualmente conta com mais de cem milhões de seguidores.

Surgida em 1.945, ***a igreja católica brasileira*** é uma dissensão da igreja católica apostólica romana. Tem como principais diferenças a recusa em aceitar a infalibilidade do Papa, rejeitam a obrigatoriedade do celibato e toleram o divórcio. Para a ICAB, o Papa é suscetível às mesmas adversidades e conflitos de qualquer humano, não sendo suas decisões infalíveis ou questionáveis. Os padres, por sua vez, podem escolher entre manter o celibato ou contrair matrimônio. A mesma brandura dedicada aos sacerdotes é devida aos seguidores que podem se casar novamente após o divórcio. Atualmente a igreja conta com aproximadamente quinhentos mil adeptos.

A igreja ortodoxa surgiu em 1.054 quando da divisão ocorrida entre a igreja do Ocidente e do Oriente que rejeitava entre outras coisas a primazia papal (autoridade suprema do Papa sobre a igreja), a infalibilidade e outros dogmas modernos. No Brasil a igreja chegou em 1.897 para atender à comunidade sírio-libanesa que se instalava por aqui. Atualmente contam com aproximadamente cento e cinquenta mil adeptos em território nacional.

Movimento notável também entre os católicos é o chamado ***movimento carismático*** que surge em 1.960 nos EUA e desembarca no Brasil antes do fim da mesma década. Não se trata de uma dissidência e nem de um movimento alternativo ao catolicismo convencional. É antes de tudo um movimento paralelo, mas completamente alinhado com a igreja católica apostólica romana, diferindo apenas na liturgia mais moderna e jovial, semelhante à praticada em um culto pentecostal. Os católicos carismáticos acreditam na manifestação dos dons (como o de línguas, por exemplo) e na presença viva do Espírito Santo atualmente. No Brasil contam com mais de treze milhões de seguidores que se autointitulam carismáticos.

Apesar dos grandes números que envolvem o catolicismo brasileiro, desde os anos 1.990 a igreja católica em todas as suas ramificações tem diminuído gradativamente, cerca de um por cento ao ano. Estima-se que no Brasil o Protestantismo ultrapassará o catolicismo em número de adeptos ainda antes da metade do século XXI.

Como evangelizar um católico:

Evangelizar um católico requer uma abordagem sensível, respeitando as crenças e práticas católicas. Aqui estão algumas diretrizes para uma evangelização respeitosa:

Compreenda o Catolicismo: É essencial ter um entendimento básico das crenças e práticas católicas. Isso inclui a compreensão dos sacramentos, da veneração dos santos e da Mariologia e até da doutrina da Salvação, que no catolicismo difere amplamente da crença protestante.

Encontre Pontos Comuns: Destaque os valores compartilhados entre o protestantismo e o catolicismo, como a importância da fé em Jesus Cristo e a ética moral. Isso pode criar um terreno comum para um diálogo significativo.

Evite Atitudes Confrontadoras: Evite uma abordagem confrontadora que possa gerar resistência. Concentre-se em construir pontes de entendimento e não em derrubar barreiras.

Foque nas Semelhanças na Fé em Cristo: Em vez de destacar as diferenças doutrinárias, concentre-se na fé compartilhada em Jesus Cristo como Salvador. Isso pode ser um ponto de unidade.

Evite afirmações desrespeitosas ao Catolicismo: Evite afirmações desrespeitosas às práticas e crenças católicas. Em vez disso, compartilhe sua fé de maneira positiva, destacando os ensinamentos bíblicos que são importantes para você.

Use Textos Bíblicos Compartilhados: Se decidir compartilhar passagens da Bíblia, escolha aquelas que são reconhecidas tanto pelos católicos quanto pelos evangélicos. Por exemplo, versículos que enfatizam a salvação pela fé em Jesus Cristo.

Respeite as Diferenças Litúrgicas: Reconheça as diferenças nas práticas litúrgicas. Evite afirmações desrespeitosas à liturgia católica e, se possível, encontre maneiras de valorizar as diferenças culturais.

Lembre-se de que devemos pregar "a tempo e fora de tempo" (2 Timóteo 4.2-4), mas a liberdade religiosa é um direito fundamental, e as pessoas têm o direito de praticar sua fé sem pressão externa. Se alguém expressar desinteresse ou desconforto em discutir questões religiosas, respeite esses limites. O diálogo respeitoso e a compreensão mútua são fundamentais ao abordar questões de fé com sensibilidade.

CAPÍTULO 2

A Igreja Protestante e suas vertentes

Se por um lado o Brasil é o maior país católico do mundo, não podemos esquecer que ele é também o maior em número de evangélicos ou protestantes: ao todo, os evangélicos somam mais de vinte por cento da população brasileira. O número de protestantes de qualquer linha confessional cresce consideravelmente ano após ano no Brasil.

Podemos dizer que as relações do Brasil com o protestantismo não são recentes, apesar de as primeiras igrejas protestantes do país terem surgido tardiamente, apenas na primeira metade do século XIX. Os relatos iniciais nos dão conta que as primeiras experiências protestantes no Brasil ocorreram ainda nos séculos XVI e XVII, especificamente quando ocorreram as invasões francesa e holandesa. Muitos desses invasores eram protestantes e trouxeram consigo suas religiões para o país. O primeiro culto protestante ocorre no Brasil em 10 de março de 1.557, meses antes de alguns calvinistas redigirem um dos mais belos documentos da história pós-reforma que assim começa:

> Segundo a doutrina de S. Pedro Apóstolo, em sua primeira epístola, todos os cristãos devem estar sempre prontos para dar razão da esperança que neles há, e isso com toda a doçura e benignidade, nós abaixo assinados, Senhor de Villegagnon, unanimemente (segundo a medida de graça que o Senhor nos tem concedido) damos razão, a cada ponto, como nos haveis apontado e ordenado (...)

O texto ficou conhecido como "Confissão de Fé da Guanabara" e é considerado o primeiro escrito protestante das Américas. No entanto, a força católica local, aliada ao poderoso império português, expurgaram por completo os calvinistas que por aqui aportaram nessa época. O próximo esforço protestante veio a ocorrer apenas em 1.630 quando os holandeses tomaram as cidades de Olinda e Recife no Nordeste brasileiro. Nessa época, os holandeses criaram sua própria igreja seguindo o mesmo modelo da Igreja Reformada da Holanda. Durante os 24 anos de dominação, foram organizadas 22 igrejas e congregações, dois presbitérios e um sínodo – muito mais do que a igreja católica no início da colonização brasileira: os católicos fundaram sua primeira diocese em 1.551, e a segunda somente em 1.750.

Os holandeses foram expulsos do Brasil em 1.654 e com eles todos os protestantes, que foram proibidos de retornar ao país sob qualquer pretexto. A religião da pós-reforma só voltou ao país no século XIX, com a vinda da família imperial portuguesa que permitiu que os ingleses que aqui se radicaram por conta da modernização do país, praticassem sua fé anglicana.

Com a vinda da família imperial portuguesa para o Brasil e a independência brasileira, a nação se tornou mais tolerante com os reformistas, abrindo espaço a novas ideias e ideais que contribuíram para enraizamento local de várias outras igrejas e se tornou o prenúncio do pentecostalismo brasileiro desenvolvido no século XX com plena força.

Os primeiros esforços protestantes no Brasil ocorridos nas primeiras décadas do século XIX se destinaram apenas ao pastoreio de estrangeiros. Mas apesar dessa limitação, podemos dizer que é graças a esse trabalho primitivo que foi possível o desenvolvimento do "protestantismo missionário", ou seja, a divulgação do protestantismo para brasileiros, que teve como primeiro marco a fundação da Igreja Metodista Episcopal em 1.835. Graças aos metodistas e seu trabalho inicial é que os irmãos da Igreja Congregacional puderam aqui chegar e fundar a primeira escola dominical em solo brasileiro e para brasileiros. O esforço dos protestantes do Brasil era ininterrupto e seu trabalho permitiu a chegada também da Igreja Presbiteriana em 1.859. Em 1.861 foi a vez dos batistas se estabelecerem em solo brasileiro, fundando sua primeira congregação no interior do Estado de SP. Para concluir, podemos dizer que a primeira fase de implantação da fé protestante no Brasil se consolida com a chegada da Igreja Adventista do sétimo dia em 1.893.

O movimento expansionista das igrejas protestantes no Brasil tem seu ápice no começo do século XX, com a chegada do movimento pentecostal ao Brasil. Estabelecem-se aqui, praticamente na mesma época as Igrejas Congregação Cristã no Brasil (1.910, Santo Antônio da Platina, PR), Assembleia de Deus (1.911, Belém, PA) e Batista Independente (1.912, Guarani das Missões, RS), todas despontando na propagação do evangelho, porém com um viés carismático, pentecostal. Na segunda metade do século XX o pentecostalismo se consolida como expressão de fé da igreja protestante brasileira. Surgem as primeiras igrejas pentecostais nascidas em solo brasileiro e na sua maioria dissidentes de outras denominações. Igrejas como "O Brasil para Cristo" (1.955), "Deus é Amor" (1.962) e "Igreja Metodista Wesleyana" (1.967) são fundadas nessa fase do protestantismo brasileiro.

Começam a surgir a partir dos anos 1.970 que são marcadas por um notável afastamento dos moldes pentecostais clássicos, A Igreja neopentecostal se distanciou das regras estritas de comportamento adotadas pelo pentecostalismo "clássico". A proibição de sexo antes do casamento, consumo de drogas e álcool foram mantidos, mas rígidos códigos de vestimenta e a proibição de maquiagens para mulheres, por exemplo, não valem mais. Essa postura das igrejas neopentecostais ajudou a acolher pessoas de outras religiões. Os cultos também são mais dinâmicos e ocorrem sete dias por semana. Cada celebração tem uma temática diferente para abordar temas essenciais do cotidiano. Temas fundamentais e sensíveis à fé reformista, como por exemplo a salvação, são colocados em segundo plano, abrindo espaço para que a "teologia da prosperidade" seja amplamente, exaustivamente exposta. É desse período a fundação das Igrejas "Universal do Reino de Deus" (1.977), "Igreja Internacional da Graça de Deus" (1.980) e "Igreja Mundial do Poder de Deus" (1.998).

Evidentemente a história da igreja protestante não está completamente listada aqui. No entanto, para facilitar a compreensão desse movimento e seu posicionamento doutrinário, sugerimos a segmentação histórico- doutrinária abaixo:

Igrejas históricas: também conhecidas como "tradicionais" ou "regulares", não acreditam na manifestação dos dons do Espírito nos dias atuais, afirmando que tais dons foram destinados apenas aos apóstolos;

Igrejas pentecostais: creem na manifestação plena dos dons, em especial a glossolalia (dom de línguas); curas e profecias;

Igrejas neopentecostais: assimilam as mesmas características das igrejas pentecostais, à exceção das roupas conservadoras que foram completamente abolidas. Acrescente-se a isso sua principal doutrina, chamada de Teologia da Prosperidade, costumeiramente rejeitada pelos pentecostais. Na Teologia da Prosperidade está presente o entendimento de que "o cristão deve ser próspero financeiramente e sempre ser livre de qualquer enfermidade" (ROMEIRO, 1998, p.23), mediante a confissão positiva. Como afirma Pierrat (1993, p. 86) "aquilo que confessamos acontecerá, para o bem ou para o mal, pois nossa confissão cria mesmo a realidade". Porém se não acontecer há algo de errado, ou seja, possivelmente o pecado está presente na vida do cristão. Para fundamentar biblicamente essa afirmação, propagadores da prosperidade utilizam o texto bíblico de Provérbios 18.21 que diz: "A morte e a vida estão no poder da língua; o que bem a utiliza come do seu fruto".

Queremos enfatizar que essas definições não são exaustivas, ou seja, são uma pálida explicação do cenário Protestante brasileiro. Para falarmos da variedade da Igreja Evangélica Brasileira quase caberia aqui a mesma hipérbole do apóstolo João ao falar dos milagres de Jesus: "(...) nem mesmo o mundo inteiro seria capaz de conter os livros que se escreveriam (...)" (João 21.25).

CAPÍTULO 3

Testemunhas de Jeová

Apesar de se tratar de uma religião monoteísta, fundamentando seus princípios e crenças na Bíblia Sagrada, os Testemunhas de Jeová diferem em grande parte das denominações cristãs que atuam no Brasil. Os Testemunhas de Jeová têm princípios e valores morais muito semelhantes aos dos protestantes, no entanto sua visão doutrinária a respeito de alguns princípios cristãos elementares, como por exemplo, a crença de que Jesus é um anjo e não o próprio Deus. A seguir, listamos os principais eventos históricos que marcaram a vida dessa organização:

- 1.870: É no início dessa década que Charles Taze Russell, um jovem comerciante de Pittsburgh inicia com seu pai e alguns amigos um grupo de estudos da Bíblia – chamado "Os estudantes da Bíblia, eles começam seus encontros de maneira humilde e informal;
- 1.871: C. T. Russell começa a publicar a sua revista "A sentinela de Sião", hoje conhecida mundialmente como "A sentinela";
- 1.881: É fundada oficialmente a "Sociedade Torre de Vigia", tendo Russell como um de seus idealizadores. Essa sociedade sem fins lucrativos inicialmente tinha por objetivo divulgar os escritos e tratados publicados pelos estudantes da Bíblia, em especial aqueles redigidos pelo próprio Russell;
- 1.886: Russell publica o livro "O plano divino das Eras", o primeiro volume de uma série de estudos bíblicos. Nesse livro, Russell publica uma "tabela das eras" que divide a história em vários

períodos, usando para isso uma analogia com a grande pirâmide do Egito que para Russell representava o "altar de Jeová";

- 1.899: Sarah Bellona Ferguson é considerada a primeira leitora da revista "Watchtower" (chamada hoje de "A sentinela") em solo brasileiro;
- 1.914: O fim dos tempos predito diversas vezes e aleatoriamente calculado por Russell para esse ano não ocorreu;
- 1.916: Morre aos sessenta e quatro anos Charles Taze Russell. Nessa época seus ensinos já eram largamente conhecidos e suas mensagens publicadas em mais de dois mil jornais;
- 1.917: O "juiz" J. F. Rutherford assume a direção da organização. Rutherford que até então se mostrará um defensor aguerrido de Russell, inicia profundas mudanças doutrinárias no pensamento dos estudantes da Bíblia;
- 1.918: Os tripulantes de um navio brasileiro atracado para reparos em Nova York tomaram contato com os ensinamentos dos estudantes da Bíblia pela primeira vez. Ao retornarem ao Brasil, começam um trabalho para angariar assinaturas da edição hispânica da revista "watchtower";
- 1.920: Rutherford profere o discurso "milhões dos que agora vivem jamais morrerão", no qual anuncia que a ressurreição terrena ocorreria em 1.925;
- 1.923: Percebendo a relevância do Brasil e o crescente número de leitores da watchtower, Rutherford envia George Young e inicia um trabalho de evangelismo nas cidades do Rio de Janeiro e São Paulo. Ele foi responsável pelas primeiras traduções das obras publicadas pelos estudantes da Bíblia em português. Nesse ano ainda a revista watchtower começa a ser publicada em português sob o nome "torre de vigia";
- 1.925: Mais uma vez, as predições anunciadas pelos estudantes da Bíblia não se cumprem, causando grande decepção e profunda apostasia entre os seguidores da fé;
- 1.931: O nome "Testemunhas de Jeová" é oficialmente adotado para evitar que os estudantes da Bíblia continuassem a ser chamados pejorativamente de "Russelitas" ou "Rutherfordistas";
- 1.966: Apesar dos erros anteriores, uma nova data para o provável Armagedon foi estimada – 1.975 seria finalmente o ano esperado;
- 1.975: O ano foi marcado novamente pela decepção, pois o suposto Armagedon não ocorreu;

- Dias atuais: Atualmente os Testemunhas de Jeová contam com aproximadamente oito milhões de seguidores no mundo, espalhados em duzentos e quarenta países. No Brasil, o número de seguidores gira em torno de oitocentos mil adeptos.

Como dissemos inicialmente, as crenças morais praticadas pelos Testemunhas de Jeová diferem em muito pouco das crenças de um adepto da Igreja Batista ou de um membro da Assembleia de Deus; assim como os batistas ou os assembleianos, os Testemunhas de Jeová refutarão o aborto livre, o sexo fora do casamento, ou o homicídio. As diferenças residem em temas de caráter doutrinário como por exemplo, a crença de que o Espírito Santo é uma força ativa de Deus e não o próprio Deus. Listamos a seguir os pontos mais evidentes de discrepância existente entre os cristãos protestantes convencionais e as testemunhas de Jeová:

- ***Armagedom***: Em breve Deus travará uma intensa batalha contra a Humanidade onde aqueles que não se renderam à verdade serão destruídos. Apenas as testemunhas de Jeová serão poupados e reinarão em poder e glória com Deus;
- ***Cristianismo***: Para as testemunhas de Jeová, exceto poucos e piedosos homens de fé, o cristianismo verdadeiro desapareceu da Terra logo após a morte dos apóstolos. A restauração da fé Cristã só ocorreu no final da década de 1.870 quando do surgimento da sociedade Torre de Vigia. Para eles todas as outras igrejas são falsas e apóstatas e serão destruídas no Armagedon;
- ***Volta de Cristo***: O Senhor voltou invisivelmente em 1.914. Seu reino tem se manifestado gradativamente desde então Jesus Cristo foi empossado como "Rei celestial de Deus" – segundo eles, esse período é marcado por dramáticos eventos mundiais como guerras e fomes e apenas aqueles que seguem verdadeiramente a Cristo estão livres dessas adversidades. Esses tempos são o prenúncio do fim que aguarda a Humanidade;
- ***Cruz***: A cruz é considerada um símbolo pagão, adotado pela falsa igreja como forma de desviar as pessoas da verdade. Para as testemunhas de Jeová, Jesus foi pregado num poste simples, sem trave horizontal;
- ***Deus***: Só o Pai é considerado Deus e seu único nome verdadeiro é Jeová. Jesus é apenas uma manifestação do Arcanjo Miguel em forma humana. O Espírito Santo por sua vez é uma "força ativa" pela qual Deus se revela aos homens atualmente;

- ***A vida dos Santos após a Restauração***: Apenas cento e quarenta e quatro mil escolhidos ascenderão aos céus. Essa teoria é baseada numa interpretação muito peculiar de Apocalipse 14.1. Supostamente esses eleitos já foram escolhidos ainda antes do fim do século XX. E aqueles que se convertem atualmente viverão para sempre na Terra que será restaurada ao seu estado original de glória. Nesse momento a Terra será semelhante a um grande Paraíso, como foi o Jardim do Éden;
- ***Inferno***: Não existe um local de dor permanente, eterno. O hades é a sepultura e aqueles que morrerem sem alcançar a verdade serão consumidos instantaneamente pelo fogo no dia do grande juízo;
- ***Ressurreição***: Cristo morreu fisicamente e só seu espírito foi erguido no domingo. Dessa forma, negam que a ressurreição de Cristo tenha sido carnal;
- ***Salvação***: Para eles a salvação só é possível mediante a fé em Cristo. Essa crença só é considerada verdadeira quando o cristão segue e obedece verdadeiramente aos ensinamentos ministrados pela Sociedade Torre de Vígia. Uma testemunha de Jeová que não segue, discorda ou não respeita essa instituição, não sobreviverá ao Armagedom;
- ***O Homem e sua natureza***: O homem é composto de corpo e alma e apenas a alma dos "eleitos" será restaurada quando vierem os novos Céus e a nova Terra. Aqueles que morrem antes do Armagedom são colocados em um estado de sono até que o fim venha;
- ***Batismo***: as testemunhas de Jeová também batizam seus adeptos. Para ser batizado é preciso concordar com todos os preceitos defendidos pela instituição. O batismo não segue a orientação descrita em Mateus 28.19 (em nome do Pai, do Filho e do Espírito Santo), é feito apenas em nome de Jeová;
- ***Eucaristia / Ceia do Senhor***: E celebrada anualmente, entre março e abril. Trata-se de uma celebração especial, na qual são relembrados os últimos momentos da vida de Cristo. O pão ázimo e o vinho são apenas mostrados à congregação e não consumidos. Apenas aqueles pertencentes aos cento e quarenta e quatro mil poderiam participar da celebração consumindo o pão e o vinho.

Acrescente-se a isso alguns aspectos que os tornam únicos quando comparados com os cristãos:

- ***Aniversários***: Elas não comemoram o dia de nascimento, sob qualquer hipótese. Qualquer manifestação em sentido contrário pode acarretar um processo chamado de "desasssociação", uma punição que se aplica a qualquer infração aos regulamentos da sociedade torre de vigia. Uma vez desassociado, o ofensor não pode sequer ser cumprimentado por alguém de fora da família. Essa punição prevalece até que o ofensor se reconcilie com a congregação;
- ***Transfusão de sangue***: Receber ou doar sangue é considerado um pecado gravíssimo. Para as testemunhas de Jeová, a alma está contida no sangue e a mistura do sangue implica em profanação;
- ***Feriados e dias santos***: é vedada qualquer celebração de feriado ou "dias mundanos" como Dia dos Namorados, Páscoa, ano novo, Ação de Graças, etc.;
- ***Cronologia histórica***: Para as testemunhas de Jeová Deus tem um controle preciso de todos os acontecimentos da existência humana e a compreensão desses eventos foi revelada a elas. Para eles a história está dividida em períodos de anos que podem ser interpretados com o auxílio da leitura bíblica. Acreditam que cada um dos sete dias narrados em Gênesis equivaleu a sete mil anos perfazendo um espaço de tempo de quarenta e nove mil anos. Acreditam ainda que estamos caminhando para o fim de uma era de sete mil anos pós criação que resultará no início do Armagedom;
- ***A Sociedade Torre de Vigia***: Deus estabeleceu essa instituição como seu canal revelador de verdades para a Humanidade, fonte maior de autoridade entre seus seguidores;
- ***Tradução do Novo Mundo das Escrituras Sagradas***: Desde 1.961 as testemunhas de Jeová possuem uma tradução própria das Escrituras Sagradas. Em português, o texto existe desde 1.967.

Esses são os pontos mais evidentes que diferençam as testemunhas de Jeová das demais Instituições cristãs. Seu trabalho e disposição incansável em prol do evangelismo são inegáveis, assim como seu ardente desejo de se aprofundarem na compreensão da Palavra. A despeito de sua visão doutrinária completamente diferente daquela que a maioria de nós estamos acostumados, os Testemunhas de Jeová nos incentivam a refletir sobre a obstinação em afastar as pessoas da perdição (independentemente se sua visão teológica é a mais acertada ou não).

Como evangelizar um Testemunha de Jeová:

Evangelizar uma Testemunha de Jeová requer uma abordagem sensível e respeitosa, tendo em mente as diferenças doutrinárias significativas entre as crenças das Testemunhas de Jeová e o cristianismo ortodoxo. Aqui estão algumas diretrizes para evangelizar de maneira respeitosa:

Compreenda as Crenças das Testemunhas de Jeová: É crucial ter um entendimento profundo de suas crenças. Conheça suas doutrinas principais, incluindo suas visões sobre Deus, Jesus Cristo, a salvação e outras questões teológicas.

Encontre Pontos de Contato: Identifique pontos em comum, como a crença em Deus, a importância da fé e a busca por uma vida ética. Isso pode criar uma base para um diálogo significativo.

Foque em Jesus Cristo: Muitas Testemunhas de Jeová têm uma visão única de Jesus Cristo. Ao compartilhar a mensagem cristã, concentre-se na importância central de Jesus como Salvador e na sua obra redentora.

Use a Bíblia: As Testemunhas de Jeová valorizam a Bíblia, mas têm uma tradução própria (A Tradução do Novo Mundo). Use a Bíblia para compartilhar passagens que enfatizem a divindade de Jesus e outros ensinamentos cristãos fundamentais.

Evite Confrontos Diretos: Evite debates acalorados ou confrontos diretos que possam criar barreiras. Concentre-se em construir pontes de entendimento e respeito.

Pergunte Sobre Suas Crenças: Faça perguntas abertas para entender melhor as crenças das Testemunhas de Jeová. Isso não apenas demonstra interesse, mas também pode fornecer oportunidades para compartilhar suas próprias crenças de maneira respeitosa.

Seja Consciente das Diferenças Doutrinárias: Esteja preparado para discutir as diferenças doutrinárias, mas faça isso com respeito. Evite declarações desrespeitosas à organização das Testemunhas de Jeová.

Lembre-se de que devemos pregar "a tempo e fora de tempo" (2 Timóteo 4.2-4), mas a liberdade religiosa é um direito fundamental, e as pessoas têm o direito de praticar sua fé sem pressão externa. Se alguém expressar desinteresse ou desconforto em discutir questões religiosas, respeite esses limites. O diálogo respeitoso e a compreensão mútua são fundamentais ao abordar questões de fé com sensibilidade.

CAPÍTULO 4

Igreja de Jesus Cristo dos Santos dos Últimos Dias

Os Mórmons são um grupo religioso que abraça os conceitos do Cristianismo e as revelações feitas por seu fundador, Joseph Smith. Eles pertencem principalmente à Igreja de Jesus Cristo dos Santos dos Últimos Dias, também chamada de SUD (abreviação do nome comum pelo qual são chamados), que está sediada em Salt Lake City, Utah, e tem mais de 16 milhões de membros em todo o mundo. No Brasil, a quantidade de mórmons é incerta, mas as estimativas oficiais afirmam que seus seguidores giram em torno de duzentos mil. A religião Mórmon foi fundada oficialmente em 1830, quando O Livro de Mórmon foi publicado.

Hoje, a atuação dos SUD se destaca nos Estados Unidos, seu país de origem, mas sua atuação também é forte em regiões como América Latina, Canadá, Europa, Filipinas, África e partes da Oceania. Embora os mórmons adotem muitas crenças cristãs, eles têm seu próprio conjunto distinto de filosofias, valores e práticas. A seguir, listamos as principais crenças defendidas exclusivamente pelos mórmons:

- ***Os mórmons acreditam na crucificação, ressurreição e divindade de Jesus Cristo***: seus adeptos afirmam, no entanto que Deus continuou enviando profetas após a morte de Jesus. Dizem ainda que a igreja original foi restaurada nos tempos modernos, graças ao trabalho inicial de Joseph Smith, fundador da igreja;

- ***Para fundamentar suas crenças, os Mórmons adotam quatro textos diferentes***: A Bíblia Cristã, O Livro de Mórmon, também chamado de "Outro testamento de Jesus Cristo", o livro de Doutrina e Convênios – uma série de escritos que tratam das doutrinas de fé da igreja, e o livro chamado "Pérola de Grande Valor", uma coletânea de textos considerados mais importantes para a fé mórmon;
- De acordo com a igreja SUD, ***Adão, antes de morrer, abençoou seus descendentes na região de Adão-ondi-Amã***, região no oeste do estado americano do Missouri;
- ***Existem três níveis de céu***: celestial, terrestre e telestial. Somente aqueles que alcançarem o reino celestial viverão na presença de Deus;
- ***Os seguidores não reconhecem a trindade***: Em vez disso, eles acreditam que o Pai, o Filho e o Espírito Santo são três deuses separados;
- ***Os mórmons consideram Joseph Smith, um profeta*** nos mesmos moldes dos profetas do antigo testamento;
- ***Os mórmons seguem um estilo de vida saudável*** estrito que os aconselha evitar o consumo de álcool, tabaco, café ou chá;
- ***Vida familiar, boas ações, respeito pela autoridade e trabalho missionário são valores importantes no Mormonismo***. Seus missionários se destacam pelo incansável trabalho de evangelismo que realizam sempre em pares – é comum os reconhecermos por seu jeito de vestir: camisa branca, gravata para os homens, um crachá de identificação no peito e calças ou saias pretas;
- ***Os mórmons praticam rituais de vestimenta*** que incluem o uso de roupas íntimas especiais com significado religioso. Essa é roupa é conhecida como "garment do templo", o traje é usado por membros adultos que fazem promessas sagradas a Deus. Nesse sentido, o vestuário é semelhante a outras roupas religiosas: o hábito de uma freira, o colarinho de um padre... Todos eles representam o compromisso de quem os veste em servir e seguir a Deus;
- ***Segundo sua crença, Joseph Smith foi escolhido para traduzir o Livro de Mórmon***, um texto sagrado que foi escrito por volta do século IV d.C. Ao ser batizado, recebeu um novo em homenagem ao pai de Moroni, Mórmon;
- ***De acordo com Moroni, este livro espiritual***

continha informações sobre os povos antigos que habitavam as Américas. Ele revelou que o livro estava inscrito em placas de ouro perto de Palmyra, Nova York, perto de onde Smith morava na época;

- ***Embora as placas tenham sido reveladas a ele pela primeira vez em 22 de setembro de 1823, Smith disse que não teve permissão para recuperá-las até setembro de 1827***. O Livro de Mórmon foi traduzido e publicado em 1830;
- ***Smith também afirmou que João Batista apareceu a ele enquanto ele traduzia o Livro de Mórmon*** e o instruiu a restaurar a igreja pregando o verdadeiro evangelho;
- ***Livro de Mórmon***: Os mórmons acreditam que o Livro de Mórmon confirma as informações encontradas na Bíblia Sagrada. O texto relata antigos profetas que viveram nas Américas. Abrange eventos que ocorreram por volta de 2500 a.C. a 400 d.C.;
- ***De acordo com o livro, alguns judeus vieram para a América para evitar a perseguição em Jerusalém***. Eles se dividiram em dois grupos que lutaram entre si: os nefitas e os lamanitas. Em 428 d.C., os nefitas foram derrotados. O texto diz que os lamanitas são o mesmo grupo conhecido como índios americanos;
- ***De acordo com o Livro de Mórmon, Jesus Cristo apareceu e pregou aos nefitas nas Américas após sua crucificação***;
- ***O livro é dividido em livros menores que são lidos como narrativas***. A igreja SUD declara que mais de 150 milhões de cópias do Livro são distribuídas anualmente.

Para facilitar o conhecimento dessa fé tão peculiar, não podemos deixar de listar também a história cronológica dos SUDS:

1.805: Nasce Joseph Smith em Vermont nos EUA;

1.820: Smith tem sua primeira visão. Ele vê Jesus e Deus Pai e recebe a mensagem de que todas as igrejas de sua época estavam corrompidas;

1.823: O anjo Moroni aparece a Smith e revela a existência do livro de Mórmon;

1.827: Moroni entrega as placas a Joseph Smith;

1.829: Termina a tradução do livro de Mórmon. Segundo o próprio livro de Mórmon, sua língua original era o "egípcio reformado";

1.830: Terminam as impressões do livro de Mórmon em inglês. Nesse mesmo ano a igreja é "restaurada" no município de Fayette em Nova York. Emprega-se aqui o termo "restaurada", porque segundo os Mórmons, após sua ressureição, Jesus teria vindo para a América pelo mar, numa viagem que demorou quarenta dias e fundou sua igreja. Começa também nesse ano o evangelismo entre os índios americanos;

1.831: Os Mórmons se estabelecem em Missouri e começam seu trabalho de evangelismo nos arredores da cidade de Independence;

1.834: Após uma série de perseguições, os Mórmons se deslocam para o estado de Ohio, onde gozam de relativa prosperidade na expansão da fé;

1.835: O livro de Doutrinas e Convênios é aceito como uma das obras padrão dos SUDS;

1.836: Dedicação do primeiro templo da igreja, em Ohio;

1.837: A primeira missão internacional é envia para a Grã-bretanha;

1.838: A igreja assume o nome atual pelo qual é conhecida até hoje;

1.840: Joseph Smith expõe a doutrina que fundamenta o batismo pelos mortos;

1.844: Joseph Smith é assassinado em uma cadeia pública de Illinois;

1.847: Após várias controvérsias, Brigham Young é reconhecido pela maioria como sucessor de Joseph Smith; os mórmons começam a se deslocar para o oeste do EUA e chegam a Utah, onde fundam a cidade de Salt Lake City;

1.880: A coletânea de textos "Pérolas de grande valor" foi reconhecida como parte das obras padrão;

1.890: Após várias polêmicas, nesse ano a prática do casamento plural (poligamia) foi abolida. Embora a igreja SUD tenha banido a prática da poligamia em 1890, os mórmons historicamente se casaram com muitas esposas. Nos últimos anos, a igreja reconheceu que Joseph Smith se casou com até 40 mulheres, algumas com apenas 14 anos. Hoje, os mórmons desaprovam a poligamia e optam por se casar com apenas um dos cônjuges. Ainda assim, um pequeno número de fundamentalistas, que romperam com a igreja, continua a praticar o casamento plural;

- 1.893: O templo de Salt Lake é dedicado, após quarenta anos de construção;
- 1.929: Primeiro batismo mórmon no Brasil;
- 1.931: Estabelecimento da primeira capela mórmon em solo brasileiro, em Joinville, Santa Catarina;
- 1.935: Foi estabelecida em São Paulo a primeira missão mórmon com o objetivo de propagar os ensinos da igreja;
- 1.942: É publicado pela primeira vez em português o livro de mórmons;

- 1.978: Criação do primeiro templo mórmon em São Paulo. Os templos mórmons são grandes construções com poder eclesiástico e administrativo sobre as capelas e "estacas" (espécie de regionais) instaladas num país ou região;
- 1.978: Negros passam a ser aceitos como sacerdotes;
- 1.986: O Brasil se torna o terceiro maior país em número de instalações mórmons, apenas atrás do México e dos EUA;
- 1.993: O Brasil se posiciona em segundo lugar no número de instalações mórmons;
- 1.997: A igreja ultrapassa a marca de dez milhões de seguidores.

As crianças na igreja normalmente podem ser batizadas aos oito anos de idade e um rapaz de dozes anos ou mais pode entrar no sacerdócio conhecido como sacerdócio Aarônico. Os maiores de dezoito anos podem entrar no sacerdócio de Melquisedeque. Cada nomenclatura sacerdotal representa o grau de autoridade e relevância que é dada ao sacerdote.

Nos últimos anos, o mormonismo se infiltrou na cultura popular americana. O candidato presidencial mórmon Mitt Romney trouxe a religião para a vanguarda da política americana em 2012. A conhecida comédia musical, O Livro de Mórmon, também chamou a atenção para a religião, embora tenha causado reações mistas na comunidade mórmon.

O mormonismo é considerado uma religião de rápido crescimento. Alguns especialistas acreditam que, se as tendências atuais continuarem, pode haver mais de duzentos e sessenta milhões de mórmons em todo o mundo até 2080. Embora a fé relativamente nova ainda esteja trabalhando para definir seu lugar como uma das principais religiões do mundo, é provável que ela se destaque no médio prazo.

Como evangelizar um mórmon:

Evangelizar um mórmon, requer uma abordagem respeitosa e cuidadosa, reconhecendo as diferenças doutrinárias entre o mormonismo e outras tradições cristãs. Aqui estão algumas diretrizes para evangelizar de maneira respeitosa:

Compreenda as Crenças Mórmons: Antes de abordar um mórmon, é essencial ter uma compreensão profunda das crenças fundamentais do mormonismo. Conheça suas visões sobre Deus, Jesus Cristo, a salvação e outros princípios teológicos.

Encontre Pontos de Contato: Identifique pontos em comum, como a crença em Deus, a importância da fé e a busca por uma vida ética. Isso pode criar uma base para um diálogo significativo.

Foque em Jesus Cristo: Muitos mórmons têm um profundo amor e respeito por Jesus Cristo. Ao compartilhar a mensagem cristã, concentre-se na importância central de Jesus como Salvador e na sua obra redentora.

Use a Bíblia: Os mórmons consideram a Bíblia como uma das escrituras sagradas. Use passagens bíblicas que enfatizem pontos cristãos fundamentais, como a natureza divina de Jesus.

Pergunte Sobre Suas Crenças: Faça perguntas abertas para entender melhor as crenças mórmons. Isso não apenas demonstra interesse, mas também pode fornecer oportunidades para compartilhar suas próprias crenças de maneira respeitosa.

Ofereça Recursos Cristãos: Se apropriado, compartilhe materiais cristãos, como livros, artigos ou vídeos, que possam abordar as diferenças doutrinárias de maneira respeitosa.

Lembre-se de que devemos pregar "a tempo e fora de tempo" (2 Timóteo 4.2-4), mas a liberdade religiosa é um direito fundamental, e as pessoas têm o direito de praticar sua fé sem pressão externa. Se alguém expressar desinteresse ou desconforto em discutir questões religiosas, respeite esses limites. O diálogo respeitoso e a compreensão mútua são fundamentais ao abordar questões de fé com sensibilidade.

Espiritismo e Religiões afro-brasileiras

O Espiritismo é uma religião que surgiu na França e foi assim chamada por seu fundador pela primeira vez em 1.857. Essa religião encontrou um campo fértil na sociedade brasileira do século XIX como uma religião mediúnica e um discurso científico identificado com os escritos do educador francês Allan Kardec (nascido Hippolyte Léon Denizard Rivail, 1804-1869). Embora Kardec definisse o Espiritismo como uma filosofia, uma religião e uma ciência, os brasileiros tendiam a dar especial importância à mediunidade de cura desde o seu início. Kardec cunhou o termo "Espiritismo", que reconhece a comunicação humana com espíritos desencarnados e a reencarnação para diferenciar o sistema de crenças Espiritualismo" que enfatiza a ressurreição. Ele codificou os princípios espíritas ditados a ele pelos espíritos durante as sessões em cinco livros: "O Livro dos Espíritos" (1.857), "O Livro dos Médiuns" (1.861), "O Evangelho segundo o Espiritismo" (1.864), "O Céu e o Inferno (1.865).

Os registros históricos dão conta de que as primeiras manifestações de espíritos na linha que conduziu ao kardecismo ocorreram nos Estados Unidos, em 1.848, em uma propriedade rural em Hydesville, quando as irmãs Margaret e Katie Fox, de doze e catorze anos, ouviram batidas na parede e as interpretaram como manifestações inteligentes de espíritos, dado que respondiam a perguntas por meio do número de batidas. A notícia logo se espalhou e atraiu inúmeras pessoas. As irmãs Fox foram levadas à Europa.

Na Europa e na Inglaterra difundiu-se o fenômeno das mesas girantes que respondiam a perguntas; outras formas de manifestação da mesma ocorrência eram as mensagens escritas por um lápis acoplado ao bico de uma cesta que também aconteciam na França. Esses fenômenos, atribuídos a espíritos, ocorriam através de pessoas que supostamente tinham o poder da mediunidade e atraíram a atenção de Hippolyte Rivail que decidiu investigá-los até o fim de sua vida. Allan Kardec morreu em 1.869.

Combinando as lições do Novo Testamento cristão, filosofia platônica e ciências diversas, Allan Kardec professou que Deus havia criado um universo constituído de espírito e matéria e, portanto, de dois mundos: a esfera humana visível e o reino das almas invisíveis. Visto que esses "espíritos" se tornaram imperfeitos, Kardec acreditava na necessidade de sua evolução moral e intelectual ao longo do tempo em direção à sua união inevitável com Deus. Nesse caminho, Jesus Cristo figurou como o principal modelo moral a ser imitado. Os espíritas confiam que a saúde espiritual e física pode ser alcançada por meio da prática da caridade, do estudo dos livros espíritas, do recebimento e doação de energia espiritual ou da interação com os espíritos.

A doutrina não foi concebida por Kardec, mas foi, como dizem os espíritas, codificada por ele. A doutrina espírita é concebida como uma fé raciocinada, ou seja, é aceito somente aquilo que passa pelo crivo da razão. Assim:

- Deus é o criador de tudo o que existe;
- Além do mundo dos vivos (ou dos encarnados) há o mundo dos espíritos que existem em diferentes graus evolutivos: os imperfeitos, os bons, e os puros ou espíritos de luz;
- A reencarnação é uma condição para que o espírito possa progredir, configurando a pluralidade de existências;
- Os espíritos puros são aqueles que já se libertaram do processo cíclico da reencarnação;
- Todos os espíritos evoluem sem cessar, embora possam renascer em condições sociais inferiores;
- As relações dos espíritos com os vivos são constantes e sempre existiram. A mediunidade é a faculdade que permite aos vivos a comunicação com os Espíritos.

O espiritismo desembarcou no Brasil, na mesma época em que tomava forma nos EUA e na Europa. Trazido pelos médicos homeopata e médiuns Bento Mure e João Vicente Martins. O espiritismo se difundiu amplamente e em 1.884 foi fundada a Federação Espírita Brasileira com o objetivo de garantir que a identidade da nova religião não fosse distorcida. Curiosamente, e apesar de ter despontado em outros países, foi no Brasil que a religião encontrou solo mais fértil para prosperar, ganhando milhares de adeptos. Hoje, seus seguidores ultrapassam a marca de três milhões de seguidores. Por essa razão, o país é considerado a nação mais espírita do mundo. Por aqui essa religião também costuma ser conhecida por espiritismo de "mesa branca", já que espiritismo é o nome dado à categoria religiosa na qual se encontram outras religiões como o candomblé e a umbanda.

E se possuem origens completamente diferentes, por que as religiões afro-brasileiras são também classificadas como espiritismo? As três religiões são conhecidas pela prática do contato mediúnico e pela crença na encarnação. Assim, apesar de o espiritismo de Allan Kardec ser visto como uma religião de pessoas com maior formação, as três religiões apresentam características similares, diferenciando-se apenas pelo fato de que o espiritismo de Alan Kardec é monoteísta enquanto que o candomblé e a umbanda creem na existência de um panteão de deuses.

O candomblé desenvolve-se no Brasil logo cedo, com a chegada dos negros escravizados que, para manterem viva a memória de sua cultura e religião, desenvolveram o candomblé. Originalmente, em seu culto na África, essa religião contava com mais de quatrocentas divindades, mas apenas vinte prevaleceram no panteão brasileiro. Trata-se de uma religião predominantemente sincrética que para resistir às perseguições iniciais do Catolicismo, absorveu várias características dessa igreja, como por exemplo, o culto aos santos que foram associados ao panteão de deuses do candomblé.

O candomblé, diferentemente do cristianismo que se pauta por princípios e valores morais, tendo por preocupação a salvação da alma, é considerado uma religião mágica e ritual. Não existe, portanto, uma preocupação com a salvação humana. Trata-se de uma religião com diversos deuses, os chamados orixás e cada um exerce um poder diferente sobre a vida das pessoas e são responsáveis por variadas funções no reino espiritual. Os orixás possuem personalidade única e temperamento próprio.

Assim como não existe um código moral no candomblé, não existe a noção de pecado; a distinção entre o certo e o errado é construída na relação existente entre o adepto da religião e o "seu" orixá. Cada pessoa tem seu orixá, assim a decisão sobre o que é certo ou errado dependerá do perfil do orixá. A pessoa descobre quem é seu orixá através do jogo de búzios. Essa descoberta é fundamental para a prática da fé.

Além do orixá "dono de cabeça", os seguidores dessa crença afirmam que cada um tem um segundo orixá chamado de "junto". Assim, um seguidor pode ser filho de Xangô e de Iemanjá – se o santo de cabeça for homem o "junto" será uma mulher, ou vice-versa, como se cada filho de santo tivesse um pai e uma mãe.

Dentro das religiões de origem africana e conectadas ao espiritismo, podemos citar também ***A umbanda***. Surgida na década de 1.920, também é uma religião de origem negra, mas desde cedo apresentou a preocupação de estender suas crenças e princípios a todos os indivíduos, independentemente de raça ou cor. Essa postura aproximou naturalmente as pessoas da religião, o que fez que ela se tornasse uma religião menos preocupada em preservar as raízes africanas e mais interessada em cativar seus seguidores. Nas palavras de Gaarder:

> Desde o início a umbanda se mostrou visivelmente multiétnica, com uma forte presença de brancos em seus quadros, mesmo entre os pais-de-santo. Além disso, ela se destaca no grupo dos cultos afro-brasileiros por ter menor apego às "raízes", as marcas africanas originais. A umbanda prefere pensar suas raízes como sendo "brasileiras", não "africanas". É afro, sim, mas é afro-brasileira. Ela não só dispensou de seus rituais o uso de idiomas africanos (o iorubá, o jeje e as línguas bantas, todas línguas litúrgicas nos diferentes candomblés), como evita os sacrifícios de sangue e os processos iniciáticos demorados e caros, comuns no candomblé.

Assim, pode-se afirmar que a umbanda é uma religião completamente brasileira, completamente diferente do cristianismo, pois trata-se de uma religião politeísta, assim como o candomblé, porém dada sua versatilidade, a umbanda conquistou muito mais seguidores que o próprio candomblé – estima-se que o número de praticantes da umbanda atualmente gire em torno de quatrocentos mil seguidores, enquanto o candomblé não ultrapassa os cem mil seguidores.

Entre as religiões ditas espíritas, podemos ainda incluir um breve panorama sobre as crenças chamadas "***ayahuasqueiras***" – são religiões completamente sincréticas que em suas cerimônias fazem o consumo de uma bebida chamada ayahuasca. Essas religiões têm muita força na região norte do país, local onde surgiram, mas grandes centros metropolitanos como São Paulo já possuem igrejas que fazem consumo dessa bebida. Podemos citar entre as comunidades praticantes do consumo de ayahuasca em suas cerimônias, a comunidade da "***Doutrina do Santo Daime***", a "***Barquinha***" e a "***União do Vegetal***" (também chamada apenas de UDV).

A ayahuasca é resultado da mistura de duas substâncias psicotrópicas, um cipó e as folhas de um arbusto. É utilizada como remédio ou em rituais sagrados pelos povos indígenas há muito tempo, mas só a partir do começo do século XX começou a ser utilizada fora dos rituais indígenas. O propagador da religião ayahuasqueira foi Raimundo Irineu Serra, conhecido como Mestre Irineu e fundador da Doutrina do Santo Daime na década de 1.930.

Como dissemos, a religião é completamente sincrética, misturando elementos do cristianismo e do espiritismo. Em qualquer uma das ramificações da religião, as celebrações são muito simples, começando com a ingestão do chá e seguida por horas através de cânticos que bem podem confundir-se com incansáveis mantras. Curiosamente, os adeptos dessa religião pouco esforço fazem para arrebanhar seguidores, assim como é comum que eles sigam a doutrina do santo daime e pratiquem também uma outra religião como o catolicismo.

Não existem números oficiais, mas atualmente o número de pessoas que consomem a ayahuasca no país ultrapassa os cinquenta mil.

Como evangelizar um adepto do espiritismo ou de suas variáveis:

Evangelizar um espírita, independentemente de sua prática requer uma abordagem sensível e respeitosa, considerando as crenças e práticas específicas de cada tradição. Aqui estão algumas diretrizes para evangelizar de maneira respeitosa:

Compreenda as Crenças Espíritas: É essencial ter um entendimento profundo das crenças específicas dessa tradição. O espiritismo pode variar em suas práticas e crenças, então familiarize-se com a abordagem específica do indivíduo.

Encontre Pontos de Contato: Quando pensamos em kardecismo, umbanda e candomblé, os pontos em comum parecem não existir, mas podemos partir de valores éticos e morais para iniciar uma evangelização. Isso pode criar uma base para um diálogo significativo.

Foque em Jesus Cristo: Destaque a importância central de Jesus Cristo como Salvador e na obra redentora. Explique como a fé cristã se relaciona com a salvação e a vida eterna.

Use a Bíblia: Se o indivíduo estiver aberto, compartilhe passagens bíblicas que enfatizem a mensagem cristã, especialmente aquelas que se relacionam com o perdão dos pecados e a salvação através de Jesus Cristo.

Seja Consciente das Diferenças Doutrinárias: Esteja ciente das diferenças doutrinárias entre o espiritismo, as religiões afro-brasileiras e o cristianismo. No entanto, concentre-se em compartilhar sua fé de maneira positiva.

Evite o preconceito ou a intolerância: Muito cuidado ao evangelizar pessoas de religiões de origem afro-brasileiras. Assim como os cristãos, essas religiões são marcadas por uma história de intolerância e perseguição. Não permita que isso se perpetue na sua abordagem.

Lembre-se de que devemos pregar "a tempo e fora de tempo" (2 Timóteo 4.2-4), mas a liberdade religiosa é um direito fundamental, e as pessoas têm o direito de praticar sua fé sem pressão externa. Se alguém expressar desinteresse ou desconforto em discutir questões religiosas, respeite esses limites. O diálogo respeitoso e a compreensão mútua são fundamentais ao abordar questões de fé com sensibilidade.

CONCLUSÃO

Ao longo deste estudo aprofundado sobre as religiões do mundo, foi possível perceber a complexidade e a diversidade de crenças, práticas e cosmovisões que permeiam as experiências espirituais da humanidade. O exame comparativo dessas diferentes tradições religiosas revela tanto suas semelhanças fundamentais quanto suas distinções marcantes, destacando a riqueza cultural e a profundidade filosófica presentes em cada uma delas. Além disso, chama a nós cristãos mais uma vez à urgência do "ide" de Jesus.

Uma das principais conclusões que podemos extrair deste trabalho é a importância da compreensão das religiões, seja para convivência, seja para facilitar nossa ação evangelizadora. Ao compreendermos melhor as crenças e valores dos outros, somos capazes de cultivar uma maior empatia e respeito mútuo, promovendo assim a coexistência pacífica em uma sociedade cada vez mais plural. Tais habilidades propiciam ainda a possibilidade de falarmos de Cristo de modo mais aberto e por conseguinte, de modo mais efetivo para a Salvação.

Além disso, este estudo nos convida a refletir sobre as questões universais que permeiam todas as religiões, tais como salvação, propósito da existência humana e o relacionamento com o divino. Apesar das diferentes abordagens e respostas dadas por cada tradição religiosa, percebemos que, no cerne de todas elas, há uma busca comum pela transcendência, pelo amor e pela busca de sentido.

É importante ressaltar novamente que este trabalho não pretende esgotar o vasto campo das religiões comparadas, mas sim oferecer uma introdução abrangente e provocativa a esse tema fascinante. Esperamos que você, estudante ou leitor casual, se sinta inspirado a continuar explorando e aprendendo sobre as diversas tradições espirituais do mundo, enriquecendo assim seu trabalho na grande seara para qual fomos chamados pelo Pai.

Em um mundo cada vez mais conectado, compreender e respeitar as diferentes religiões e culturas torna-se não apenas uma necessidade, mas também uma oportunidade para promover a paz e a compreensão mútua. Que este estudo possa contribuir de alguma forma para esse nobre objetivo, incentivando o diálogo, a tolerância e o respeito entre todas as pessoas, independentemente de suas crenças ou origens – "se for possível, quanto depender de vós, tende paz com todos os homens" (Romanos 12.18) – essa é a verdade que devemos perseguir, e só a ela, sem exceção. Lembrando sempre que "ter paz" não é sinônimo de "ser passivo" frente à urgência da Salvação. Precisamos continuar insistentemente anunciando a Salvação de Cristo, a tempo e fora de tempo.

O estudo das religiões suscita ainda muitas indagações sobre as relações de poder existentes entre religião e religiosos, assim como nos permite uma leitura mais ampla da religiosidade em solo brasileiro. Olhar para o fenômeno religioso é olhar para a diferença: somos todos diferentes e devemos nos respeitar.

Não podemos nos limitar a rótulos. Se fosse assim, estariam todos os protestantes, sem exceção, rotulados como seitas, uma vez que a Reforma encabeçada por Lutero criou uma segmentação dentro da igreja católica, completamente contrária aos ensinamentos da Santa Sé.

Que aprender sobre religiões nunca silencie o Evangelho e nem normalize o erro. Dialogar sobre e conhecer outras religiões, não implica em anular o trabalho de evangelismo; pelo contrário, a empatia e o respeito ao outro são ferramentas poderosas para o crescimento do Evangelho. Nossa capacidade de evangelizar, não podemos esquecer, está na Graça. E como disse Boenhoeffer, não numa graça barata, mas graça verdadeira em favor dos pecados. E quando compreendemos e vivemos essa verdade, passamos expressar a mensagem da Redenção de forma ininterrupta.

EXERCÍCIOS

UNIDADE 1: O que é religião?

CAPÍTULO 1 – HUMANIDADE RELIGIÃO – (FÁCIL) Assinale a única alternativa correta. Sobre a definição de Religião que trabalhamos no primeiro capítulo, é possível afirmar:

( ) Religião é a crença humana na garantia salvação sobrenatural.

( ) Religião é a soma de todos os cuidados que alguém pratica para não ir para o Inferno.

( ) Religião é o ópio do povo.

( ) Religião não salva ninguém.

CAPÍTULO 2 – CONHECIMENTO RELIGIOSO - (FÁCIL) Assinale a única alternativa correta. A religião surge com o Homem, nas primeiras comunidades primitivas. Essas comunidades eram formadas por caçadores rudimentares que viviam de modo nômade por conta de sua limitação tecnológica para caçar; num cenário onde armas eram escassas, se fazia necessário estar o tempo todo em movimento. Essas comunidades antigas se desenvolveram:

( ) Após o êxodo de Israel, por volta de 1.300 a.C.

( ) Por volta de 5.000 aC, assim como as primeiras comunidades primitivas surge

( ) Com Abel, há aproximadamente 6.000 anos atrás com seu sacrifício agradável.

( ) No Egito Antigo, com a construção das pirâmides.

CAPÍTULO 3 – ASPECTOS TEÓRICOS DA RELIGIÃO E SUAS ORIGENS - (FÁCIL) O Homem tornou-se um exímio observador da Natureza. Esses Homens primitivos desenvolveram logo cedo a crença de que a Natureza tinha um poder sobrenatural, oculto aos olhos; surge nessa época uma crença na qual os seres da Natureza também são providos de espírito, assim como o Homem. O nome correto dessa crença é:

( ) Pajelança
( ) Ocultismo
( ) Animismo
( ) Polividismo

CAPÍTULO 3 – ASPECTOS TEÓRICOS DA RELIGIÃO E SUAS ORIGENS - (FÁCIL) Assinale abaixo a única alternativa INCORRETA. Sobre a religiosidade antiga, podemos notar que ela apresentava algumas características muito peculiares:

( ) O mito e a crença no espiritual surgem para dar sentido à vida e à morte.
( ) Ela surge para oprimir, enganar e controlar os povos primitivos.
( ) A religiosidade primitiva e o mito não tratam de meras histórias.
( ) As narrativas registradas pela religiosidade primitiva e pela mitologia carregam em sua essência um valor profundamente moral e espiritual
( ) Todas as histórias mitológicas e da religiosidade primitiva acreditavam na existência de, pelo menos, um plano paralelo ao nosso.

CAPÍTULO 3 – ASPECTOS TEÓRICOS DA RELIGIÃO E SUAS ORIGENS - (FÁCIL) Assinale abaixo a alternativa correta. O politeísmo é a crença na existência de vários deuses. Nesse contexto, os povos antigos criam em uma série de divindades, organizadas em famílias ou grupos, a saber:

( ) Divindades naturais: seres regentes do céu, dos astros estelares, normalmente responsáveis pelo clima, mudança das estações, chuvas, etc.
( ) Deuses do parto, cultuados por seu poder protetor.
( ) Deuses do amor: cultuados para dar casamento aos mortais.
( ) Deuses do ódio, adorados para ferir os inimigos.

CAPÍTULO 3 – ASPECTOS TEÓRICOS DA RELIGIÃO E SUAS ORIGENS - (MÉDIO) O politeísmo era predominantemente local, ou seja, era comum que famílias ou tribos tivessem suas próprias crenças e tradições. No livro, essa observação é atribuída a:

( ) Platão
( ) Moisés
( ) Feuerbach
( ) Karl Marx

CAPÍTULO 3 – ASPECTOS TEÓRICOS DA RELIGIÃO E SUAS ORIGENS - (MÉDIA) Com base do conteúdo do capítulo I, a definição correta de henoteísmo é:

( ) A crença num deus mais forte que todos os outros

( ) A adoração de um único deus.

( ) O desprezo por qualquer deus que não responda nossas orações.

( ) A crença de que existem vários desuses e que eles coexistem de maneira regional, regidos por um deus superior.

CAPÍTULO 3 – ASPECTOS TEÓRICOS DA RELIGIÃO E SUAS ORIGENS - (MÉDIA) "Compreender a religião é um esforço para entender a alma humana" – a partir do conteúdo estudado, essa afirmação significa que:

( ) O estudo da religião é um estudo das pessoas.

( ) Só com um estudo aprofundado da Psicologia poderemos compreender a Religião.

( ) Pessoas não existem sem religião.

( ) A humanidade só é compreendida com o estudo da religião.

CAPÍTULO 4 – O DIÁLOGO COMO MODO DE EVANGELIZAÇÃO - (DIFÍCL) Galtung afirma que existem três tipos de violências que se manifestam em momentos culturais / históricos específicos para moldar as condições que promovem a violência (e, por inferência, paz): a violência direta, a violência estrutural e a violência cultural. A partir do conteúdo estudado, assinale a única alternativa INCORRETA:

( ) Bullying.

( ) Agressão sexual.

( ) O sistema de castas empregado na Índia antiga.

( ) O Apartheid da África do Sul.

CAPÍTULO 5 – O QUE É UMA HERESIA? - (DIFÍCIL) Com o passar do tempo, o termo heresia passou a designar divisões, cismas e facções que mantinham opiniões divergentes dentro da igreja primitiva. À medida que o cristianismo crescia e se desenvolvia, a igreja estabeleceu os ensinamentos básicos da fé. Esses princípios básicos podem ser encontrados no Credo dos Apóstolos e no Credo Niceno, por exemplo. Ao longo dos séculos, no entanto, teólogos e figuras religiosas propuseram doutrinas que contradiziam as crenças cristãs estabelecidas. Com base nesse texto, e a partir das afirmativas abaixo, identifique a ÚNICA frase que NÃO é uma heresia:

( ) Boas ações contribuem para a Salvação

(   ) Cristo era Homem mas não era Deus.
(   ) Eu me aproximo de Deus para depois ele se aproximar de mim
(   ) Riqueza financeira não é sinônimo de prosperidade

UNIDADE II: As grandes religiões monoteístas

CAPÍTULO 1 – O DESENVOLVIMENTO DO MONOTEÍSMO - (FÁCIL) Assinale abaixo a alternativa correta. Apesar da discussão em torno do tema, o monoteísmo só se consolida com o chamado de Abrão, que foi escolhido por Deus para cultuá-lo. A partir disso, podemos afirmar que:

( ) É nesse momento que se estabelece o monoteísmo como crença.

( ) O monoteísmo causou revolta entre os povos antigos que eram politeístas.

( ) Não havia um deus que pudesse assumir a gestão dos deuses

( ) Os deuses desapareceram, pois escolheram Javé como soberano.

CAPÍTULO 2 – JUDAÍSMO - (FÁCIL) Assinale abaixo a alternativa correta. Apesar de existir desde a antiguidade, é só na idade média que os judeus definem uma lista de crenças. Maimônides desenvolveu uma lista de trezes crenças que deviam ser comuns a todos os judeus. Dessa lista de crenças podemos citar:

( ) A profecia de Moisés é superior à de todos os outros profetas que vieram no passado ou virão no futuro.

( ) Deus nasce do fervor de seu povo para cuidar da nação eleita.

( ) Deus é uma força.

( ) No futuro o Messias se revelará como Elias.

CAPÍTULO 2 – JUDAÍSMO - (MÉDIA) Preencha as lacunas selecionando a alternativa correta. A Bíblia Hebraica é dividida em três partes: ___________, ___________ (hebraico para "profetas") e ___________ (hebraico para "escritos"). Essa divisão dá origem ao acrônimo Tanak (às vezes soletrado Tanakh, ou Tanach), que pode ser considerado a palavra hebraica para o termo "Bíblia Hebraica" – as palavras faltantes nas lacunas são, respectivamente:

( ) Tehulon, Nabarote e Kanon

( ) Tehilin, Numenon e Krapos

( ) Talmude, Neviim e Kanon

( ) Torá, Neviim e Ketuvim

CAPÍTULO 2 – JUDAÍSMO - (DIFÍCIL) Assinale abaixo a alternativa correta. No Judaísmo são chamadas "verdades teológicas" aquelas afirmações, consideradas as mais importantes e que se repetem por todo o texto sagrado. Entre essas verdades é possível citar:

( ) Deus estabeleceu seu governo e autoridade apenas para o povo eleito.

( ) Deus é soberano sobre todos os deuses.

( ) Deus é o Deus da História.

( ) Deus não está na ciência.

CAPÍTULO 3 – ZOROASTRISMO - (FÁCIL) Assinale abaixo a alternativa correta. É uma antiga religião pré-islâmica que teve sua origem no Irã e que sobrevive lá em áreas isoladas e, de forma mais próspera, na Índia, onde os descendentes de imigrantes iranianos (persas) são conhecidos como "parsis". Estamos falando de qual religião?

( ) Islamismo
( ) Budismo
( ) Zoroastrismo
( ) Parnasianismo

CAPÍTULO 3 – ZOROASTRISMO - (FÁCIL) Ao que tudo indica, o fundador do Zoroastrismo era anteriormente um sacerdote da religião politeísta praticada na Pérsia. Ele, portanto, tinha excelente conhecimento da tradição sagrada quando começou a atuar. Pertencia, por nacionalismo, ao clã Spitama. Seus pais, segundo o Avesta, foram chamados Ponrusaspa, o pai, e Dughdhoua, a mãe. Ele era casado e teve um filho e uma filha. Em vida teve discípulos e os dois mais famosos foram Vistaspa e Frasaostra. No Irã, esse homem costumava ser conhecido como:

( ) Zen Avesta
( ) Zoroastro
( ) Ponrusaspa II
( ) Dughdouo

CAPÍTULO 3 – ZOROASTRISMO - (MÉDIA) Ao contrário do ___________ ou do ___________ (religião helenística e dualista fundada pelo profeta iraniano Mani), práticas como jejum e celibato são proibidos, exceto quando fazem parte do ritual de purificação. A luta humana tem um aspecto negativo, no entanto, na medida em que deve buscar a pureza e evitar a contaminação pelas forças da morte, o contato com a matéria morta, etc. Assim, a ética zoroastrista, embora em si mesma elevada e racional, tem um aspecto ritual que permeia tudo. No geral, o zoroastrismo é otimista e assim permanece mesmo durante as dificuldades e opressão de seus crentes. Selecione abaixo a única alternativa correta que contém as palavras que preenchem as lacunas acima.

( ) Islamismo, Hinduísmo
( ) Maniqueísmo, Hinduísmo
( ) Cristianismo, Maniqueísmo
( ) Budismo, Cristianismo

CAPÍTULO 4 – CRISTIANISMO - (MÉDIA) O __________ é extremamente multifacetado, possui diversas vertentes internas. Assim como o __________, é uma fé notadamente múltipla, porém muito mais carregada de ramos doutrinários. Assinale abaixo a única alternativa que apresenta corretamente as palavras faltantes:

( ) Zoroastrismo, Islamismo

( ) Islamismo, Hinduísmo.

( ) Cristianismo, Judaísmo.

( ) Hinduísmo, Budismo.

CAPÍTULO 4 – CRISTIANISMO - (DIFÍCIL) Assinale abaixo a única alternativa correta. Estabelecer uma cronologia do Cristianismo independentemente do Judaísmo é tarefa por demais árdua e exaustiva; toda a história do Antigo Testamento aponta para Jesus. No entanto, podemos estabelecer o seguinte evento como o marco inicial do Cristianismo:

( ) O batismo de Jesus.

( ) O nascimento de João Batista.

( ) O milagre da transformação de água em vinho.

( ) A crucificação.

CAPÍTULO 5 – ISLAMISMO - (DIFÍCIL) Assinale abaixo a única alternativa correta. Os muçulmanos sunitas identificaram o que chamam de "cinco pilares do Islã" como foco de suas práticas rituais, com algumas variações na forma como são prescritos nas escolas jurídicas islâmicas. Os cinco pilares são:

( ) O testemunho da unidade de Deus e a missão profética de Maomé, a oração, a prática da esmola, o jejum, a peregrinação a Meca.

( ) As cinco orações diárias (manhã, tarde, noite, almoço e jantar).

( ) A leitura sagrada dos cinco textos de Maomé.

( ) A prática constante do Hallakah, a leitura diária do Hagadá, o ensino do Assereje aos novos convertidos, o ritual anual de destruição da Torá na Mesquita, a peregrinação anual a Meca.

UNIDADE III: As grandes religiões do Oriente

CAPÍTULO 1 – AS RELIGIÕES DO EXTREMO ORIENTE - (FÁCIL) A religiosidade do extremo oriente é riquíssima. O cristianismo já está amplamente estabelecido ao longo de toda a Ásia, mas encontramos uma infinidade de outras religiões, algumas pouco conhecidas no ocidente como o __________, o __________, o __________, o __________ e outras mais conhecidas como o budismo, o islamismo e o hinduísmo. Selecione abaixo a única alternativa correta que contém as palavras que preenchem as lacunas acima.

( ) Animismo, Confucionismo, Taoísmo, Xintoísmo.
( ) Animismo, Zenbudismo, Tao Teh King, Zoroastrismo.
( ) Confucionismo, Hare Krishna, Xintoísmo, Kardecismo.
( ) Zoroastrismo, Confucionismo, Animismo, Camdonblé.

CAPÍTULO 3 – BUDISMO - (FÁCIL) Selecione abaixo a única alternativa correta. Apesar de originária da Índia, essa religião se propagou pelo mundo inteiro, se destacando no Sri Lanka, sudeste da Ásia e países como China, Coréia e Japão. Estamos falando do:

( ) Confucionismo.
( ) Budismo.
( ) Xintoísmo.
( ) Dadaísmo.

CAPÍTULO 3 – BUDISMO - (FÁCIL) Assinale abaixo a única alternativa correta. O budismo possui três pilares nos quais seus ensinamentos se sustentam. São eles:

( ) Buda. Rampaza e Valhala.
( ) Buda, Baal e BethShalom.
( ) Buda, Dharma e Sangha.
( ) Satiagraha, Nuanda e Balarin.

CAPÍTULO 3 – BUDISMO - (MÉDIA) Se por um lado, no pensamento ocidental, a personalidade (alma) é uma unidade consistente que determina o comportamento e as escolhas de um ser humano, o budismo vê o ser humano como … - Selecione abaixo a única alternativa correta que completa a sentença:

( ) ...um ser inconstante e variável, sem chance de salvação.
( ) ...parte do universo, um arranjo de elementos em constante mudança.
( ) ...um mistério a ser desvendado pela meditação.
( ) …o último mistério a ser explorado no Universo.

CAPÍTULO 4 – HINDUÍSMO - (DIFÍCL) Selecione abaixo a única alternativa correta sobre o Hinduísmo:

( ) A adoração é parte central da vida familiar, os hindus celebram por semanas os seus deuses.

( ) As divindades são subordinadas ao grande deus Vileshua que vive assentado em uma vimana que flutua no rio sagrado Djaipuru

( ) Cada indivíduo cultua seus ancestrais para que eles jamais sejam esquecidos.

( ) É comum que se compartilhe o conceito de que o divino se manifesta de diversas maneiras, acreditam ainda na eternidade da alma renascida na vida após a vida, guiada pelo carma. A natureza do "karma" pode definir o destino do indivíduo na próxima vida.

CAPÍTULO 4 – HINDUÍSMO - (MÉDIA) Selecione abaixo a única alternativa correta. Um aspecto do hinduísmo que os não-hindus consideram intrigante é o panteão hindu com numerosas divindades. Alguns hindus adoram apenas um deles. Mas um grande número deles cultua diferentes divindades em momentos diferentes, sem nenhum senso de conflito. Esse aspecto do hinduísmo tem sido frequentemente denominado "politeísmo", no entanto, estudiosos contemporâneos cunharam o nome "catenoteísmo", que significa:

( ) Um culto a um deus de cada vez.

( ) Adoração do deus mais poderoso.

( ) Devoção de múltiplos deuses sem preferência.

( ) Culto de deuses que se manifestam em estações diferentes do ano.

CAPÍTULO 4 – HINDUÍSMO - (DIFÍCIL) Embora alguns grupos hindus da história recente tenham se envolvido em conflitos com comunidades não-hindus, às vezes se tornando violentos, a longa história dessa tradição diversificada internamente geralmente se baseia na aceitação da diferença. Uma característica notável do hinduísmo, ___________. Preencha a lacuna, selecionando a única alternativa correta.

( ) ...é a crença na pluralidade da vida em sociedade.

( ) ...é a compreensão do tempo como cíclico e não linear.

( ) ...é a aceitação ilimitada de que todos são iguais perante o sagrado.

( ) ...é o entendimento de que as outras religiões são apenas ensinos mitológicos.

CAPÍTULO 5 – SIKHISMO - (MÉDIA) Assinale a única alternativa correta. No sikhismo não há sacerdotes, suas comunidades recebem de bom grado pessoas de qualquer religião e prezam pela vida em grupo. Como um de seus valores notáveis, podemos citar:

( ) Existem muitos deuses e muitos mundos que podem ser acessados pela meditação.

( ) Cada um é sacerdote de si mesmo, soberano de seu lar e responsável por levar a mensagem do sikhismo.

( ) Existe apenas um deus, deus não pode assumir forma humana, o objetivo da vida é quebrar o ciclo de reencarnação e fundir-se com deus.

( ) A reencarnação é uma dádiva que só os puros de coração alcançam.

CAPÍTULO 5 – SIKHISMO - (FÁCIL) Assinale a única alternativa correta. O sikhismo preserva doze pontos essenciais. Entre eles, podemos citar a prática da meditação. Outro ponto relevante trata daquilo que chamam "os cinco vícios cardeais" que são:

( ) Gula, luxúria, avareza, ira, soberba, preguiça e inveja

( ) Luxúria, a raiva, a ganância, o apego mundano e o orgulho.

( ) Cigarro, bebidas alcoólicas, violência, jogatina e drogas.

( ) Adultério, procrastinação, mentira, preguiça e glutonaria.

CAPÍTULO 2 – AS RELIGIÕES DA ÍNDIA - (FÁCIL) Assinale abaixo a única alternativa correta. Apesar de não ser um tema religioso, falamos exaustivamente sobre aspectos gerais da Índia, como comportamento e cultura. Esse estudo é importante pois:

( ) Cultura e religião na Índia estão profundamente conectados.Conhecer sua cultura é essencial para entender a religião.

( ) As políticas sociais desenvolvidas pelo governo Indiano regulam também as práticas religiosas da população.

( ) Não existe cultura indiana, apenas religião indiana.

( ) Ser indiano é ser religioso.

UNIDADE IV: Religiões do Brasil em detalhes

CAPÍTULO 1 – IGREJA CATÓLICA NO BRASIL - (FÁCIL) Assinale abaixo a única alternativa correta. No aspecto religioso, o Brasil se destaca por seu pacifismo e ampla tolerância às diferenças. Isso propiciou que:

( ) O Brasil fosse escolhido por diversos povos como segundo lar quando esses povos foram acometidos pelos mais variados problemas em suas terras natais.

( ) A religiosidade brasileira se tornou indefinida por conta da recepção de povos de outros países.

( ) Os povos que migraram para o país assumiram a cultura local e abandonaram suas antigas religiões.

( ) O Brasil se tornasse mais rico e assim se desprendesse dos valores religiosos.

CAPÍTULO 1 – IGREJA CATÓLICA NO BRASIL – (FÁCIL) Assinale abaixo a única alternativa correta. A implantação do catolicismo no Brasil por volta do século XV foi fruto:

( ) Da necessidade de pastorear os portugueses que se instalaram no Novo Mundo.

( ) Do esforço missionário ibérico de espalhar o cristianismo aos infiéis. No Brasil colonial isso incluía índios e escravos.

( ) Da necessidade da Igreja Católica de extrair ouro para a decoração de igrejas na Europa.

( ) Do acordo político entre Roma e Lisboa que visava expandir o número de congregações no Novo Mundo.

CAPÍTULO 1 – IGREJA CATÓLICA NO BRASIL - (FÁCIL) Assinale abaixo a única alternativa correta. Apesar de o catolicismo ter sido a religião oficial do Brasil até l)88, uma característica marcante da nação é o sincretismo, ou seja, a mistura de religiões. Podemos dizer que o sincretismo começou quando:

( ) Os povos de outras nações como holandeses e franceses invadiram o Brasil.

( ) Os índios foram escravizados pelos portugueses.

( ) Os portugueses trouxeram os africanos para cá.

( ) Os ingleses implantaram as primeiras escolas missionárias no país.

CAPÍTULO 1 – IGREJA CATÓLICA NO BRASIL - (FÁCIL) Assinale abaixo a única alternativa correta. No Brasil, a Igreja Católica esteve vinculada por muito tempo ao Império, sendo submissa ao Estado. Esse cenário permaneceu assim por séculos e só mudou quando:

( ) Os huguenotes franceses chegaram ao Brasil em 1557.

( ) Quando os holandeses chegaram ao Nordeste em 1630.

( ) Em 1889, com a Proclamação da República.

( ) A constituição brasileira de 1988 foi promulgada.

CAPÍTULO 1 – IGREJA CATÓLICA NO BRASIL - (FÁCIL) Assinale abaixo a única alternativa correta. Surgida em 1.945, a igreja católica brasileira é uma dissensão da igreja católica apostólica romana. Tem como principais diferenças:

( ) A liturgia e a hierarquia; seu principal líder é chamado de Bispo primaz, e não Papa.

( ) A recusa em aceitar a infalibilidade do Papa, rejeitam a obrigatoriedade do celibato e toleram o divórcio.

( ) Aceitam o aborto, a eutanásia e a união de pessoas do mesmo sexo.

( ) Defendem a união estável em substituição ao casamento.

CAPÍTULO 1 – IGREJA CATÓLICA NO BRASIL - (FÁCIL) Assinale abaixo a única alternativa correta. No Brasil, a Igreja Católica Apostólica Romana se destaca como a maior denominação católica do país. No entanto, outras denominações católicas como a Igreja Católica Brasileira também marcam presença no território brasileiro. Além delas, podemos destacar:

( ) Igreja Ortodoxa e Movimento Carismático.

( ) Igreja Católica Messiânica e Católica Pentecostal.

( ) Igreja Católica Livre e Movimento Eucarístico Renovado.

( ) Igreja Teológica da Libertação e Comunidade Eclesial de Base.

CAPÍTULO 2 – A IGREJA PROTESTANTE E SUAS VERTENTES – (MÉDIA) Assinale abaixo a única alternativa correta. Apesar de ser o maior país católico do mundo, proporcionalmente falando, o Brasil é também o que apresenta o maior número de evangélicos. Podemos dizer que a primeira manifestação marcante e de cunho protestante em solo brasileiro ocorreu em:

( ) 1630, quando os holandeses celebraram um culto de ação de Graças pela tomada de Pernambuco.

( ) 1870, quando os missionários presbiterianos celebraram a fundação da primeira escola protestante de São Paulo.

( ) 1557, quando foi escrita a "Confissão de Fé da Guanabara".

( ) 1902, quando os missionários da missão de Orebro celebraram o primeiro culto pentecostal no sul do Brasil.

CAPÍTULO 2 – A IGREJA PROTESTANTE E SUAS VERTENTES - (MÉDIA) Os primeiros esforços protestantes no Brasil ocorridos nas primeiras décadas do século XIX se destinaram apenas ao. Mas apesar dessa limitação, podemos dizer que é graças a esse trabalho primitivo que foi possível o desenvolvimento do "... sdsd – Assinale abaixo a única alternativa correta contendo as palavras que preenchem as lacunas:

( ) Culto doméstico, movimento pentecostal.
( ) Pastoreio de indígenas, culto doméstico.
( ) Pastoreio de estrangeiros, protestantismo missionário.
( ) Apoio de portugueses, ensino confessional.

CAPÍTULO 3 – TESTEMUNHAS DE JEOVÁ - (DIFÍCL) Assim como os batistas ou os assembleianos, as testemunhas de Jeová refutarão o aborto livre, o sexo fora do casamento, ou o homicídio. As diferenças residem em temas de caráter doutrinário como por exemplo, __________, e __________. – Assinale abaixo a única alternativa correta contendo as palavras que preenchem as lacunas:

( ) O entendimento de que o arrebatamento é simbólico / o sangue humano é sagrado.

( ) A compreensão de que Deus não tem forma física / o inferno é uma alegoria da vida sem Deus.

( ) A hierarquia da Igreja / a ordenação de mulheres ao pastorado.

( ) A crença de que o Espírito Santo é uma força ativa de Deus / não o próprio Deus.

CAPÍTULO 4 – IGREJA DE JESUS CRISTO DOS SANTOS DOS ÚLTIMOS DIAS - (DIFÍCL) Assinale abaixo a única alternativa correta. Os Mórmons são um grupo religioso que abraça os conceitos do Cristianismo e as revelações feitas por seu fundador, Joseph Smith. Eles pertencem principalmente à Igreja de Jesus Cristo dos Santos dos Últimos Dias. Seu entendimento sobre a Trindade é distinto da maioria dos cristãos. Para eles:

( ) O Espírito Santo é uma Força (dunamis), mas não faz parte da Trindade.

( ) O Pai, o Filho e o Espírito Santo são entendidos como três pessoas diferentes, separadas e não formam a Trindade.

( ) A Trindade é uma hierarquia de poderes, onde o Pai é o mais poderoso, o filho o segundo e o Espírito Santo o terceiro.

( ) A Trindade é uma forma de entender a história de maneira cronológica. Deus Pai governou o Universo até a vinda de Cristo e o Deus Filho governou até a vinda do Espírito Santo. Por sua vez, o Espírito Santo governará até a remissão dos Santos dos Últimos Dias.

CAPÍTULO 5 – ESPIRITISMO E RELIGIÕES AFRO-BRASILEIRAS - (FÁCIL) Assinale abaixo a única alternativa correta. O Espiritismo, é uma doutrina surgida na França, em 1857. Costuma-se dizer que os ensinamentos praticados por essa religião foram "codificados" por seu fundador, Allan Kardec. Por codificação entende-se:

( ) Que os ensinamentos que ele recebeu dos espíritos foram escritos em uma espécie de "código" que só os espíritas podem compreender.

( ) Que Allan Kardec traduziu os textos a partir de um idioma antigo e perdido.

( ) Que os textos já existiam, mas não faziam sentido; foram todos organizados pelo fundador dessa doutrina para a Humanidade.

( ) Que a doutrina não foi escrita por ele, mas compilada a partir daquilo que os espíritos ditaram para ele.

CAPÍTULO 5 – ESPIRITISMO E RELIGIÕES AFRO-BRASILEIRAS - (DIFÍCIL) Assinale abaixo a única alternativa correta. Não existe uma preocupação com a salvação humana. Trata-se de uma religião com diversos deuses, e cada um exerce um poder diferente sobre a vida das pessoas e são responsáveis por variadas funções no reino espiritual. Esses deuses possuem personalidade única e temperamento próprio. Estamos falando de qual religião?

( ) Politeísmo grego.

( ) Politeísmo romano.

( ) Candomblé.

( ) Animismo.

CAPÍTULO 5 – ESPIRITISMO E RELIGIÕES AFRO-BRASILEIRAS - (DIFÍCIL) Assinale abaixo a única alternativa correta. A Umbanda é considerada por muitos a primeira religião verdadeiramente brasileira. Isso porque:

( ) Ela se baseia na antiga tradição indígena, sem qualquer referência ao mundo Ocidental moderno.

( ) Desde o início ela se mostrou uma religião menos preocupada em preservar as raízes africanas e mais interessada em cativar seus seguidores. Além disso, desde cedo o candomblé aboliu os idiomas africanos de sua liturgia e a prática de sacrifícios de sangue com animais.

( ) É baseada no antigo livro sagrado de Macunaíma, encontrado no coração da Amazônia brasileira em 1905.

( ) Assim como a religião dos gregos é baseada na mitologia, o candomblé se baseia no folclore brasileiro.

CAPÍTULO 5 – ESPIRITISMO E RELIGIÕES AFRO-BRASILEIRAS - (MÉDIA) Assinale abaixo a única alternativa correta. "Doutrina do Santo Daime", a "Barquinha" e a "União do Vegetal", são nomes de comunidades que normalmente são chamadas de "ayahuasqueiras" – Tais comunidades destacam-se principalmente pelo:

( ) Culto a uma deusa mitológica chamada Ayurveda.
( ) Trabalho social de divulgação de sua doutrina
( ) Consumo de uma bebida composta chamada de "ayahuasca".
( ) Culto a vários deuses do candomblé que são associados aos santos do catolicismo.

UNIDADE II – CAPÍTULO 2 – JUDAÍSMO - (MÉDIA) A __________ é claramente a mais alta obra... Foi escrita por Moisés, o servo de Deus e o maior dos profetas... Os __________ dos séculos terceiro e quarto afirmam que a lei pode ser derivada apenas da __________ , não dos profetas ou escritos, embora os __________ certamente acreditassem que todas as três partes da Bíblia foram inspiradas. Selecione abaixo a única alternativa correta contendo as palavras que preenchem as lacunas:

( ) Lei, estudiosos, Bíblia, rabinos.
( ) Rabinos, Torá, Rabinos, Torá
( ) Torá, rabinos, Torá, rabinos.
( ) Bíblia, ensinamentos, Bíblia, estudiosos.

UNIDADE II – CAPÍTULO 2 – JUDAÍSMO - (MÉDIA) Assinale abaixo a alternativa correta. A palavra hebraica "Torá" costumeiramente é empregada para se referir aos textos sagrados escritos por Moisés – conhecidos entre os cristãos como o pentateuco. Ela também pode ser traduzida como:

( ) Livro sagrado.
( ) Verdade.
( ) Instrução.
( ) Bíblia.

UNIDADE I – CAPÍTULO 5 – O QUE É UMA HERESIA? - (FÁCIL) Assinale abaixo a única alternativa correta. Por heresia, podemos entender:

( ) Uma afirmação absurda, sem qualquer sentido teológico.
( ) Para a igreja cristã, heresia significa "afastamento da verdade".
( ) Um método empregado para amenizar a dureza da verdade.
( ) Uma hipótese teológica sem fundamento.

UNIDADE I – CAPÍTULO 4 – O DIÁLOGO COMO MODO DE EVANGELIZAÇÃO - (DIFÍCIL) Selecione abaixo a única alternativa correta. Atualmente, o diálogo entre igrejas evangélicas costuma ser compreendido como a mistura de várias igrejas – como vimos nos nossos estudos, tal compreensão se mostra incorreta, já que esse diálogo visa a unidade. Podemos dizer ainda que esse diálogo é:

( ) Mistura de tudo num mesmo cristianismo.

( ) Um movimento que preza pelo diálogo entre igrejas, apesar das diferenças.

( ) Fazer todos concordarem em tudo.

( ) Deixar de lado o espírito crítico.

UNIDADE IV – CAPÍTULO 2 – A IGREJA PROTESTANTE E SUAS VERTENTES - (FÁCIL) Assinale abaixo a única alternativa correta. Em linhas gerais, podemos dizer que no Brasil que as igrejas protestantes estão divididas em:

( ) Igrejas avivadas, igrejas tradicionais e igrejas heréticas.

( ) Igrejas tradicionais, igrejas pentecostais e comunidades evangélicas.

( ) Igrejas seculares, igrejas pentecostais e igrejas messiânicas.

( ) Igrejas históricas, igrejas pentecostais, e igrejas neopentecostais.

UNIDADE III – CAPÍTULO 4 – HINDUÍSMO - (FÁCIL) Assinale abaixo a única alternativa correta. O "hinduísmo" é uma das religiões mais antigas do mundo. É um rico mosaico de uma ampla gama de ideias, práticas e comunidades religiosas nativas do sul da Ásia que evoluiu ao longo de mais de três milênios entrelaçando fios de muitas culturas e o culto do divino de diversas formas. Seu nome deriva da palavra "hindu", que no idioma original significa:

( ) Conhecimento evoluído que nunca volta.

( ) Verdade da Índia.

( ) Aqueles que vivem "nas áreas ao redor do rio Indo".

( ) Ensino sagrado.

REFERÊNCIAS

ABAGNNANO, **Nicola. Dicionário de Filosofia**. 3 edição, São Paulo: Martins Fontes, 2005.

ALCORÃO, O. 5 edição, Rio de Janeiro: Bestbolso, 2012.

ALVES, Rubem. **O que é religião?** 15 edição, São Paulo: Edições Loyola, 1999.

AZEVEDO, Thales de. **O Catolicismo no Brasil**: Um Campo para a Pesquisa Social. Salvador: EDUFBA, 2002.

AZZI, Riolando. **História da Igreja no Brasil**. 1 edição, São Paulo: Vozes, 2008.

BERKHOF, Louis. **Teologia Sistemática**. 1 edição, Campinas: Cultura Cristã, 2001.

BÍBLIA. **Almeida Corrigida Fiel**: Antigo e novo testamentos. 2 edição, São Paulo: Geográfica, 2018.

BÍBLIA HEBRAICA. 1 edição, São Paulo: Editora Sêfer, 2015.

BÍBLIA. **Tradução Brasileira**: Antigo e novo testamentos. 1 edição, São Paulo: SBB, 2013.

BLAINEY, Geoffrey. **Uma Breve História do Cristianismo**. 1 edição, São Paulo: Editora Fundamento, 2012.

CAVALCANTE, Rodrigo. **Islã**: coleção para saber mais. 1 edição, São Paulo: Editora Abril, 2003.

CASSIRER, Ernst. **Ensaio sobre o Homem**: introdução a uma filosofia da cultura humana. 1 edição. São Paulo: Martins Fontes, 1994.

CRESPIN, Jean. **A tragédia da Guanabara**. 1 edição, São Paulo: Cultura Cristã, 2019.

COHEN, Shaye. **From the Maccabees to the Mishnah**. 3 edition, Westminster: John Knox Press, 2014.

DICIONÁRIO BÍBLICO TYNDALE. 1 edição, São Paulo: Geográfica, 2017.

EPICURO. **La doctrina estoica / defensa de Epicuro**. 1 edição, Madrid: Alicia editions, 2019.

FEUERBACH, Ludwig. **A essência do Cristianismo**. 4 edição, Petrópolis: Editora Vozes, 2017.

________. **Preleções sobre a essência da Religião**. 1 edição, Petrópolis: Editora Vozes, 2009.

FREUD, Sigmund. **Moisés e o monoteísmo**. 1 edição. São Paulo: Cia. das Letras, 2018.

________. **Totem e tabu**. 1 edição. São Paulo: Cia das Letras, 2012.

GAARDER, Jostein. **O livro das religiões**. 1 edição, São Paulo: Cia das Letras, 2001.

GALTUNG, Johan. **Transcender e transformar**: uma introdução ao trabalho de conflitos. 1 edição. São Paulo: Palas Athena, 2006.

HUME, David. **História natural da religião**. 1 edição, Campinas: Editora Unesp, 2005.

KUNG, Hans. **Projeto de ética mundial**: Uma moral ecumênica em vista da sobrevivência. 1 edição. São Paulo: Paulinas, 1998.

LABATE, Caiuby. **O uso ritual da Ayahuasca**. 1 edição, Campinas: Mercado de letras, 2002.

LIVRO DAS RELIGIÕES, O. 1 edição, Rio de Janeiro: Editora

Globo, 2014.

LIVRO DE MÓRMON, O. 5 edição, São Paulo: Intellectual Reserve Inc.

LIMA, Maurilio. **Breve História da Igreja no Brasil**. 1 edição, São Paulo: Loyola, 2004.

MATOS, Alderi. **Dicionário enciclopédico de Instituições Protestantes no Brasil**: instituições educacionais. 1 edição, São Paulo: Mackenzie, 2019.

__________. **Fundamentos da teologia histórica**. 1 edição, São Paulo: Mundo Cristão, 2008.

QUERO, Hugo. **El desafio del dialogo**: historias, definiciones y problematicas del ecumenismo y la pluralidade religiosa. 1 edicion. Buenos Aires: GEMRIP, 2014.

RUSSELL, Bertrand. **História do Pensamento Ocidental**. 5 edição, Rio de Janeiro: Ediouro, 2001.

REED, David. **As testemunhas de Jeová refutadas versículo por versículo**. 2 edição, Rio de Janeiro: JUERP, 1990.

TORÁ VIVA, A. 2 edição, São Paulo: Maayanot, 2013.

TRADUÇÃO DO NOVO MUNDO DAS ESCRITURAS SAGRADAS. 3 edição, Cesário Lange: Associação Torre de Vigia de Bíblias e Tratados, 1986.

www.ingramcontent.com/pod-product-compliance
Lightning Source LLC
LaVergne TN
LVHW050550160826
845677LV00011B/2260

9788560068203